KB271556

현대 한국어 동사 의미결합관계 연구
現代韓國語動詞語義組合關係研究

현대 한국어 동사 의미결합관계 연구
現代韓國語動詞語義組合關係研究

필옥덕(畢玉德) 著

도서출판 역락

서 문

오늘날 세계 여러 나라에서 한국어를 학습하고 연구하는 사람이 꽤 많이 늘어났습니다. 특히 이웃나라인 중국에서 1990년대 이후에 한국어를 학습하고 연구하는 사람은 놀라울 정도로 증가하였습니다. 이러한 분위기 속에서 50년 이상 한국어과 역사를 가진 중국의 몇 대학과 연구기관에서는 연구진들이 참으로 놀라울 만한 업적을 내놓고 있습니다.

이번에 필옥덕 교수가 지은 ≪현대 한국어 동사 의미결합관계 연구(現代韓國語動詞語義組合關係研究)≫도 훌륭한 전공서적의 하나입니다. 이 책에서 저자는 현대언어학 이론과 언어정보처리의 차원에서 실용주의적 연구 방법을 취하여 한국어 동사 의미결합관계를 연구하였습니다. 저자는 계통학의 관점으로부터 출발하여 동사 의미결합관계를 탐구하여 의미역 체계와 동사의미분류 체계를 구축하였습니다. 저자가 이 책에서 한국어 동사 의미결합관계를 연구함으로써 문장의 의미구조를 탐구하는 것이 동사 어휘가 드라이브하는 구조언어모형의 구축과 한국어 언어이해 기술의 발전에 이로움을 줄 것입니다. 이 연구성과는 의미를 기초로 하는 기계번역체계와 한국어 언어이해체계의 연구개발 등 분야에 응용할 수 있습니다.

필교수는 역사를 자랑하는 낙양외국어대학 한국어과에서 학사와 석사과정을 마치고, 계속해서 모교에서 후진 양성에 진력하다가 중국 안에서 유일하게 박사과정이 설치되어 있는 연변대학에서 문학박사학위를 취득한 중견 학자입니다. 필교수는 모교 봉직 중에도 평양과 서울 그리고 중국 사회과학원 및 청화대학에서 연수와 연구를 하였고, 서울 인의 학회와 중국 안의 학회에서도 연구 결과를 발표하였으며, 중국과 한국에서 개최된 한국어 관계 학회에는 거의 참석하여 왕성한 연구열을 보여주었습니다.

　따라서 이번에 필교수의 연구성과를 높이 평가하여 서울에서 출판하게 된 것을 지난날 함께 지낸 일이 있는 객좌교수로서 다시없는 기쁨으로 여깁니다. 또한 필교수가 오늘날 이와 같이 훌륭한 업적을 낼 수 있었던 것은 그동안 필교수의 연구활동을 적극적으로 지원해 준 낙양외국어대학 한국어과 장광군 주임교수 이하 여러 교수들께서 지도·격려·편달해 준 결과라고 여깁니다.

　꾸준히 성실하고도 치밀하게 연구활동을 계속하고 있는 필교수께서 앞으로 훌륭한 업적을 더 많이 발표하시리라고 굳게 믿는 바입니다.

2004년 4월 1일

성균관대학교 명예교수

한국어문교육연구회 회장　강신항 삼가 씀

서 문

　필옥덕의 ≪현대 한국어 동사 의미결합관계 연구≫가 서울에서 출판되는 기회를 빌어 우선 작자 필옥덕 박사에게 축하의 인사를 올리는 바이다.

　필옥덕 박사는 중국 산동성 치박시(淄博市) 태생이다. 그는 중국에서 한창 문화대혁명의 거세찬 열화가 치솟던 1967년에 태어났다. 그가 초등학교에 입학할 때는 십년 동란이 이미 끝나 복잡한 시대적 상황은 사라지고 중국 대지에 개혁, 개방의 봄바람이 따사롭게 불어오던 시기이었다. 그래서 그는 학문을 제대로 닦을 수 있는 시대에 자라나게 되었다. 1986년 하남성 낙양외국어대학교 한국어학부에 입학하여 우수한 성적으로 1990년 학교를 졸업하고 모교에 교원으로 유임되었다. 학교를 졸업한 그 해에 그는 행운스럽게도 평양 김일성종합대학에 일년간 유학하게 되었다. 평양에서 돌아와서는 곧 모교의 연구생원에 입학하여 1995년에 석사과정을 끝마치고 <한국어 문장의 내면격 분석>이라는 학위논문으로 석사학위를 수여받았다. 2000년 8월 그는 연변대학 조문학부의 박사 연구생으로 입학하였으며 2003년 7월 박사학위를 수여받았다. 그는 3년간 교직을 잠시 유보하고 연변대학에 와 학문에 몰두하였다. 박사생 생활을 하면서 그는 중국의 명문대학인 청화대학 계산기학부 방문학자로 활동하였고 한국에 가서 한국 경희대학교 교환교수로도 활약하였다. 박사학위를 받은 다음 2003년 9월부터는 북경 중국사회과학원 민족학인류학연구소 박사후로 되어 연구를 계속하게 되었다. 그 동안 필옥덕 박사는 수십편의 논문을 발표하었나.

　필옥덕 박사는 나와는 민족이 다르다. 그는 중국인 漢族이고 나는 조선족이다. 필옥덕 박사는 필생의 정력을 한국어 연구에 바치겠다는 하나의 신념으로 줄곧 풍속과 습관이 다른 연변 땅에 와서 3년을 지냈으며 조선족들 속에서 청춘의 땀과 지혜를 다 바쳐가면서 학문을 닦아왔다. 그는 우리 동포들과 친지가 되어 함께 한 침실에서 뒹굴며 대학원 학창생활을 엮어왔으며 그의 가까운 벗들 중에는 우리 동포들도 많다. 나는 중국이라는 이 여러 민족 대가정 속에서 이렇듯 훌륭한 漢族 학생들의 결심에 탄복하지 않을 수 없다. 이네들에게는 첩첩한 난관을 이겨내는 끈질긴 정신과 학문의 봉우리에 오르려는 굳은 의지가 있음을 늘 느끼게 된다. 이네들의 한국어에 대한 연구능력은 우리 본 민족보다 못지 않으며 모종 의미에서는 우리가 미처 생각지 못했거나 다루기 어려워하는 분야도 그들은 서슴없이 다루어간다. 나는 이러한 형제 민족 학생들을 박사생으로 받은 것을 영예와 긍지로 느낀다. 우리의 언어와 우리의 학문이 우리 민족의 테두리 속에서만 맴돌 때 그것은 오늘의 지식 기반의 사회와 동떨어진 것이 아닐 수 없으며 만약 그렇게 된다면 우리는 세계화의 물결 속에 뛰어들 수 없을 것이다.

오늘 출판되는 ≪현대 한국어 동사 의미결합관계 연구≫는 필옥덕 박사의 박사학위논문이다. 논문은 현대언어학의 이론의 정수(精髓)를 충분히 흡수함과 아울러 언어정보처리의 차원에서 실용주의적 연구방법을 취하여 한국어 동사의 의미결합관계를 연구하였다. 논문은 계통학의 관점으로부터 출발하여 동사의 의미결합관계를 탐구하였으며 의미역 체계와 동사 의미분류체계를 깊이 있게 연구함으로써 자기 나름의 이론적 모듈을 구축하였다.

논문에서는 "의미역은 통사적 위치상의 명사의 의미자질의 고도로 된 추상화와 개괄이라 할 수 있으며 동사에 의해 지배받는 명사구의 의미자질의 집합이라 할 수 있다"고 논단함과 아울러 의미계층에서 문장 내부의 동사와 명사구 사이의 관계는 의미결합관계로 된다고 하였다. 논문에서는 한국어 언어현실에 입각하여 통사구조를 기본 통사구조와 표층통사구조로 구분하고 기본 통사구조는 추상적 문장을 생성하고 표층통사구조는 구체적 문장을 생성한다고 하였다. 의미적으로 동사는 기타 의미 성분의 수량과 성질을 제한하여 부동한 의미구조를 형성하지만 통사적으로는 동사 자체의 성질이 각 의미성분의 통사구조에 투사되는 위치를 제한함으로써 부동한 통사구조를 형성하게 된다고 논술하였다.

《현대 한국어 동사 의미결합관계 연구》는 의미역 체계 구축을 위하여 4대 의미역 확립원칙을 제출하고 의미역 체계를 3계층으로 분할하였다. 제1 계층은 주요역할과 차요역할을 포함하며, 제2 계층은 주체역할, 객체역할, 관계역할, 환경역할, 근유역할, 차용역할 등 6개 부류를 포함하며, 제3 계층은 36개의 의미역을 포함한다고 결론지었다.

논문은 이어서 동사의 의미분류와 의미역은 반드시 결합되어 연구되어야 하며 동사의 의미분류는 반드시 동사의 의미결합관계의 틀 안에서 진행되어야 한다는 논점을 내세우고 인지 원칙, 결합관계 원칙, 말뭉치 원칙 등 3가지 동사 의미분류 원칙을 제정하였다. 그리고 동사의 기본 의미자질집(語義特徵集)에 근거하여 동사체계의 의미분류수(語義分類樹)를 도출해내고 이에 기초하여 현대한국어 동사의 4계층 의미분류 모듈체계(즉 의미장, 의미차장, 어휘의미군, 의미유별체계)를 구축하였다.

논문은 후반부에서 동사를 통합적으로 기술하는 차원에서 구체적인 각 동사부류를 보다 상세히 기술하였으며 "결구체"라는 개념으로 통사적 정보와 의미적 정보를 통합하여 본 논문이 논술한 이론에 대한 실제적 응용가치를 강조하였다.

필옥덕 박사의 한국어 동사의 의미결합관계에 대한 연구는 동사 어휘가 드라이브하는 구조언어모형의 구축에 도움을 줄 것이며 의미를 기초로 하는 기계번역 체계와 한국어 언어 이해 체계의 연구개발에 현실적 의의를 부여할 것임을 믿어 의심치 않는다.

위에서도 말씀드렸지만 이 책의 저자 필옥덕 박사는 중국인 漢族이다. 한족으로서 한국어학 박사가 된다는 것은 사람마다 다 할 수 있는 일이 아니다. 필옥덕 박사는 어려서부터 한국어를 배우려는 이상을 품었고 또 실제상 한국어를 학문적으로 배우고 연구하면서 성장함으로써 드넓은 중국대지에 한국어가 학문적으로 뿌리내리게 하는데 이바지하였다고 일컬을 수 있다. 그리고 한국어의 세계화를 촉진하고 한글의 세계적 위상을 높이는데 일정한 역할을 하였다고 본다.

한국어를 전공한 뜻 있는 외민족과 손에 손잡고 함께 한국어와 한글을 연구하는 것은 한국어의 국제화의 발걸음에도 맞는 일이라 하겠다. 지난 세기 80년대 말, 서울 88올림픽대회개최 이후 중국대지에 일기 시작한 한국어 붐이 21세기 현재 결실을 보아 오늘 중국의 근 40여 개 대학에 한국어과가 설립되었거나 한국어과목이 설정되어있다. 이런 현실은 중국인들이 한국어를 언어로서만 배워 중국의 경제건설과 한중우호관계 개선에 한 몫 담당하는 것만이 아니라 이런 단계를 뛰어 넘어 한국어를 학문적으로 연구하는 인재들이 대량 양성될 것을 기대한다. 이런 의미에서 필옥덕 박사와 같은 중국인 연구가들이 속출되기를 바라는 심정이다. 그 중의 한 열매―≪현대 한국어 동사 의미결합관계 연구≫가 한국어학 연구의 보금자리인 서울에서 출판된다고 하니 저자 본인은 물론 우리 모두의 기쁨이 아닐 수 없다.

필옥덕 박사는 대학 학부생 시절부터 지금까지 줄곧 중국 하남성 낙양시에서 생활하고 또 그곳에서 가정을 이루고 교편을 잡고 있다. 낙양은 세계적인 명승지로서 한국과도 역사적 유대를 갖고 있다. 낙양은 중국의 칠대고도(七大古都)의 하나이다. 예로부터 13개 나라가 이곳에 수도를 정하였다. 낙양의 북쪽에 있는 망산(邙山)은 명당자리이어서 북망산이라고 불리는데 한국어에도 "북망산에 간다", "북망산천"이라는 말이 있을 정도로 유명하다. 한국 민요 "성주풀이"에는 "낙양성 십리하(十里墟)에 높고 낮은 그 무덤에……"라는 구절이 나온다. 신라의 유명한 학자 최치원은 낙양에서 2년동안 보냈고 신라의 스님들은 낙양의 룡문석굴(龍門石窟)에 와서 "신라상감(像龕)"을 만들고 갔다. 조선시대 방랑시인 김삿갓은 낙양을 돌아보고 "北邙山上列墳塋, 萬古千秋對洛陽"이라는 시구를 남겼다. 그리고 낙양에는 백제의 마지막 왕 의자왕의 무덤이 있다고 한다.

실로 낙양은 한국과 여러 갈래로 연계되고 있다.

이런 관계로 낙양을 찾는 한국 사람들이 날로 많아지고 있다고 한다. 이린 유명한 명승시에 캠퍼스를 누고 있는 낙양외국어대학 역시 중국의 명문외국어대학의 하나로 손꼽히고 있다.

나는 필옥덕 박사가 이토록 이름난 곳에서 한중친선과 한국어와 한글의 전파를 위하여 자기의 한 몫을 단단히 하리라고 믿으면서 이 서문을 끝낸다.

끝으로 이 책을 출판해주신 역락출판사 이대현 사장님과 임원들에게 감사의 인사드린다.

2004년 4월 13일

중국연변대학에서 리득춘

저자의 서문

21세기와 함께 인류가 정보화시대에 발을 들여놓으면서 언어학 연구는 연산과 조작이 가능한 언어모형을 구축할 새로운 사명을 지니게 되었다. 새로운 단계에 이르러 언어학 연구는 언어공학과의 관계 하에 인공지능, 자연언어처리와 기계번역에 언어식별의 모듈을 마련해주게 되었고, 언어학은 과학기술의 발전에서 새로운 역할을 담당하게 되었다.

본 연구는 현대언어학이론의 사상과 정수를 받아들임과 동시에 그에 존재하였던 여러 폐단을 극복하고 계통학적 관점과 언어기술의 입장에서 출발하여 이성주의와 경험주의를 결합시킨 실용주의적 연구방법으로 한국어 언어현실에 알맞은 의미역 체계와 동사의 의미분류체계를 구축하고자 하였다. 본 연구는 한국어 정보처리를 지향하는 통사의미지식 데이터베이스를 구축하는 연구의 일환으로 된다.

본서는 박사학위 논문의 기초 위에 새로 수정 번역하여 완성한 것이다. 책자의 출판에 즈음하여 일찍 나를 관심하고 가르쳐주고 도와주셨던 지도교수와 기타 여러 교수님들, 친구들에 대한 무한한 고마움을 전하고 싶다.

우선 지도교수이신 연변대학 동방문화연구원 원장 리득춘 교수님께 심심한 사의를 드린다. 리교수님의 엄밀한 학술태도는 나에게 깊은 인상을 심어주었는바 선생님께서는 평생 나의 학문의 본보기로 자리하고 계실 것이다. 선생님께서는 "獎掖後學"의 사랑으로 기꺼이 이 한족학생을 스승님의 문하에 받아주셨고 나의 다 년간의 학문적인 포부를 실현할 수 있게 해 주셨다. 선생님께서는 나에게 지식을 전수해 주셨을 뿐만 아니라 학습기간 내내 나의 의식주를 걱정해 주셨다. 박사학위 논문의 선제로부터 집필에 이르기까지 선생님께서는 세심한 지도를 아끼지 않으셨고 여러 차례나 꼼꼼히 원고를 수정하시면서 귀중한 의견을 말씀해 주셨다. 선생님의 가르침과 사랑이 계셨기에 학위논문을 제 기한 내에 완성할 수 있었다.

연변대학의 류은종 교수님께서는 학습기간 많은 전공과목을 개설하여 좋은 강의를 맡아 주셨고 집 떠나 공부하고 있는 나의 생활을 자상히 관심해 주셨다. 또한 박사학위 논문의 선제로부터 집필에 이르기까지 세심한 지도와 조언을 아끼지 않으셨다.

연변대학 조문학부의 전학석 교수, ≪한어학습≫ 편집부 주필 김기석 교수, 한어학원 원장 최건 교수, 조선어학부 학부장 김영수 교수, 길림대학 류영록 교수, 낙양외국어학원 장광군 교수, 중앙민족대학 태평무 교수 등 여러 선생님들께서는 나의 학위논문을 심사해 주셨고 많은 보귀한 의견을 제기해 주셨다.

나의 친구 낙양외국어학원 박사생지도교사 易綿竹 교수는 나의 하위논문의 집필에 대하여 많은 건의를 주었고 나는 거기에서 많은 계시를 받았다. 정화대학 계산기학부 孫茂松 교수도 많은 조언을 해 주셨다. 임형재 박사(한국), 리승자 박사, 김철준 박사, 황영철 박사는 이 한글본 책자의 수정과 교정을 맡아 수고를 아끼지 않았다. 선배 친구인 김광수 박사와 동기박사과정 친구인 김일 박사 등 여러분들은 박사학위과정 학습기간 내내 많은 도움을 주었다.

이 밖에 한국어문학회 회장 강신항 교수, 경희대학 김기혁 교수와 한국과학기술원(KAIST) 최기선 교수도 줄곧 나의 학술성장을 지켜봐 주시면서 많은 방조와 지지를 주었다. 이 자리를 빌어 함께 감사를 드린다. 한국에 있는 기간, 나에게 자료를 관람할 수 있게 해 주었던 한국국제교류

재단에도 뜨거운 감사를 드린다.

학위 논문의 편찬과정에 또한 기타 국내외 동문 학자 교수들의 뜨거운 방조와 가르침을 받았음을 밝히고 함께 감사의 마음을 전한다.

지금까지 나의 학업을 위해 뒷바라지를 하며 애써온 아내인 閆艶萍과도 이 책의 출판의 기쁨을 나누고자 한다.

끝으로, 본서의 출판과 발행을 위하여 수고로움을 마다하지 않으신 한국 역락출판사의 이대현 사장님과 임원들께 뜨거운 감사를 드린다.

저자 자신의 수준 미달로 본 연구에 적지 않은 문제점과 잘못이 나타날 수 있음을 감지하면서 여러 학자들의 기탄없는 가르침과 조언을 바란다.

"路慢慢其修遠兮 吾將上下而求索", 이는 나의 영원한 좌우명이다!

2004年 4月 洛陽에서

畢 玉 德

목 차

A Study of the Semantic Syntagmatic Relations of Modern Korean Verbs

Drawing insights from modern linguistic theories, the present study has adopted a pragmatistic methodology, which combines rationalism and empiricism, on the basis of systematism and language description. The purpose of this study is two fold : to establish a syntactic-semantic knowledge system towards language information processing of modern Korean ; to explore into the semantic-role system and the semantic classification system of verbs in accordance with the facts of the Korean language.

The first chapter serves as an introduction. It is suggested herein that a practical methodology be adopted, which combines the advantages of rationalism and empiricism ; that both the theoretical and empirical significance of linguistic studies be taken into account. Besides, we should approach the syntagmatic relations between verbs and nominal elements at the semantic level from the perspective of language information processing, aiming at providing linguistic and software support for the language knowledge system of Korean directed towards information processing. This not only sets the objective of the present research, but also reflects its theoretical and empirical values. We have introduced the mainstream theories in the relevant field mainly for the purpose of discovering the common themes underlying these studies as well as their merits and demerits. Meanwhile, it is also our aim to review all the relevant theories in this field, so as to find a model for the present study.

In Chapter 2, we lay down the theoretical framework of this study. It is generally held that semantic relation can be taken as a kind of covert and potential meaning ; and that semantic roles are the abstraction and generalization of the semantic properties of the nominal elements surfacing at certain syntactic positions, besides being a set of the semantic properties of the nouns dominated by verbs. The relations among the semantic elements within the sentence are referred to as semantic syntagmatic relations.

In accordance with the core facts of the Korean language, we maintain that syntactic structures can be classified into basic syntactic structure and surface syntactic structure. The former yields abstract sentences, while the latter generates specific ones. Semantically, it is the verb that constrains the number and property of other relevant semantic elements, resulting in distinctive semantic structures ; syntactically, the property of the verb per se also imposes limits on the projection slots of the semantic elements in syntactic structures, leading to different syntactic structures. These two kinds of syntactic structures are related by argument structure.

In Chapter 3, we discuss the construction of a semantic role system. Four diagnostic principles for semantic roles are put forward : an event-based principle, a corpus-oriented principle, a syntax-centered principle and a notion-driven principle. It is generally held that language reflects the cognitive relations of the objective world and that semantic structures are realized through formal structures (namely, surface structure or syntactic structure). Adopting the "hypothesis-deduction" pattern as our research model and on the basis of semantic structures and their constituents (semantic participants), we have made a systematic observation of all the semantic structures possible in the Korean language. The aim is to construct a hierarchical derivation system for the event-semantic structure in Korean and establish the semantic role system of modern Korean. This comprehensive list of semantic roles can benefit grammatical descriptions based on the verb as well as other fields like machine translation. This semantic role system consists of three hierarchies. The first hierarchy is composed of major and minor roles ; the second corresponds to Chen Wangdao's proposal of "6 WHs", including the roles of nominative, accusative, relation, environment, bases, and resort ; the third layer comprises the 36 sub-classifications of the six roles in the second hierarchy.

Chapter 4 deals with the semantic classification of verbs. Since the property of the verb determines both the number and property of the semantic elements under its dominance and the projection positions of these elements in syntactic structures, we believe that the semantic classification of verbs should be considered in the context of semantic syntagmatic relations of verbs with reference to semantic roles. In addition, we put forward 3 principles for the semantic classification of verbs : a cognitive principle, a syntagmatic principle, and a corpus-directed principle. In short, the number of semantic elements depends on the hierarchical properties of the semantic classification of predicate verbs, and the semantic classification system for verbs bears a close relation to the semantic role classification system.

A semantic description system should reflect both computability and the psychological reality of notional and semantic categories. It is vital for a semantic description system to establish a mechanism of semantic constraint among the various concepts of a language. This description system must base on lexemes, statistical evidence and the interaction of lexemes and syntax.

The semantic classification of Korean verbs within the framework of semantic syntagmatic relations is in accordance with the basic semantic properties of verbs. These semantic properties are given a detailed explanation in the thesis, on the basis of which we have derived the semantic classification tree for the verb system in Korean. In accordance with the classification tree, we have proposed a semantic classification system of four layers for Korean verbs. The layers are semantic field, sub-semantic field, lexical semantic group and semantic type. Semantic field is further divided into three sub-fields : state, relation, and action. The semantic field of state includes physical state and spiritual state field s ; relation semantic field is composed of two sub-fields : possession and similarity ; and action semantic fields, accordingly, consists of five sub-fields : change, move, force, causation and mind. Meanwhile, each semantic field is composed of different numbers of lexical semantic groups, which in turn consist of semantic types.

In Chapter 5, we deal with the types of verbs. Aiming at an integrated description of verbs, we provide a detailed depiction of different types of verbs, including the basic semantic structure of verbs and their syntactic behaviors (also referred to as syntactic patterns). An explanation is also presented in this chapter.

In the last chapter, we apply our theory in the analysis of linguistic phenomena. Based on the idea of depicting semantics through syntax, and on the characteristics of Korean, we integrate syntactic information with semantic information and suggest an integrated description strategy for these two sorts of information by way of construct. In construct, we have included such information as semantic classification code, Chinese notation, lexical category, syntactic expressions, semantic properties, semantic expressions and examples.

Approaching the semantic structure of sentences by way of studying the semantic syntagmatic relations of Korean verbs may help construct a structural language model driven by lexical semantics and develop interpretation techniques for Korean. The results of our study have a role to play in developing semantics-based machine translation systems and language interpretation systems for Korean and many other relevant fields.

◌ Key Words | Korean, semantic syntagmatic relations, semantic-roles, semantic classification of verbs, integrated description, construct

현대 한국어 동사 의미결합관계 연구

본 논문에서는 현대언어학 이론의 정수(精髓)를 충분히 흡수함과 아울러 언어정보처리의 차원에서 실용주의적 연구방법을 취하여 한국어 동사 의미결합관계를 연구한다. 본 논문은 계통학의 관점으로부터 출발하여 동사 의미결합관계를 탐구하여 의미역 체계와 동사의미분류 체계를 구축하는데 목적을 두고 있다.

제1장은 서론이다. 이 부분에서 필자는 실용주의적 연구방법을 취할 것을 주장하면서 경험주의와 이성주의를 결합시켜 언어연구의 이론가치 뿐만 아니라 응용가치도 고려해야 한다고 보면서 언어정보처리의 차원으로부터 의미계층에서 동사와 기타 명사구 사이의 결합관계를 연구한다. 이는 본 연구의 목적으로 될 뿐만 아니라 본 연구의 이론가치와 응용가치로 된다. 그리고 지금까지의 국내외 해당 연구성과를 정리하여 본 연구의 연구 각도와 자세를 명확히 하였다.

제2장은 이론 핵심 부분이다. 의미관계는 은성(隱性)적이고 잠재적인 것이다. 의미역은 통사적 위치 상의 명사의 의미자질의 고도적 추상과 개괄이라 할 수 있으며 동사에 지배받는 명사구의 의미자질의 집합이라 할 수 있다. 의미계층에서 문장 내부의 동사와 명사구 사이의 관계는 의미결합관계로 된다. 본 논문은 한국어 언어사실의 각도에서 통사구조를 기본통사구조와 표층통사구조로 구분할 수 있다고 본다. 기본 통사구조는 추상적 문장을 생성하고 표층통사구조는 구체적 문장을 생성한다. 의미적으로 볼 때, 동사는 그와 관계되는 기타 의미성분의 수량과 성질을 제한하기에 부동한 의미구조를 형성하게 된다. 통사적으로 볼 때, 동사 자체의 성질은 또한 각 의미성분이 통사구조에 투사되는 위치를 제한하고 있다.

이렇게 함으로써 부동한 통사구조를 형성하게 된다.

제3장에서는 의미역 체계를 구축하는 문제를 논하였다. 우선 이 장에서는 "사건기반 원칙", "말뭉치 원칙", "통사본위 원칙"과 "아이디어구사 원칙" 등 4대 의미역 확립 원칙을 제기하고 확립하였다. 그리고 진망도 선생의 "6하(六何)" 사상으로부터 한국어 언어사실을 충분히 관찰한 기초에서 "가설-연역" 모형을 연구모듈로 하였다. 또 언어가 대상세계를 반영하는 각종 인지적 연계로부터 출발하여 의미구조 연구가 최종적으로 어형구조(표층구조, 통사구조)로 낙실된다는 관점으로 한국어에서 존재가능한 모든 의미구조를 체계적으로 관찰하였다. 이렇게 함으로써 최종적으로 사건 의미구조의 계층적 연역 체계를 구획하고 현대 한국어의 의미역 체계를 구축하였다. 이 체계적인 의미역 목록은 동사를 중심으로 하는 문법기술에 이로울 뿐만 아니라 기계번역 등 응용분야에도 유용할 것이다. 이 의미역 체계는 3계층으로 나누어져있는데 제1계층은 주요역할과 차요역할을 포함하고 제2계층은 주체역할, 객체역할, 관계역할, 환경역할, 근유역할과 차용역할 등 여섯 가지 부류를 포함하며 제3계층은 36개의 의미역을 포함한다.

제4장에서는 동사의미분류 문제를 논하였다. 동사의 성질은 그가 지배하는 의미성분의 수량과 성질을 결정하는 동시에 각 의미성분의 통사구주에서의 투사 위치를 제약하고 있다. 문정의 통사구조와 의미구소를 제약하는 이 능력을 동사의 통사의미자질의 집중적 구현이라 한다. 따라서 동사의미분류는 동사의 의미분류와 의미역을 결합하여 동사의 의미결합 관계의 틀 안에서 해야 한다고 주장한다. 이를 위해서 본문은 1) 인지 원칙, 2) 결합관계 원칙, 3) 말뭉치 원칙 등 3가지의 동사 의미분류 원칙을 제출하였다. 실제로 의미성분의 수량은 술어동사 의미분류의 계층성에 의해 결정되며 동사 의미분류 체계는 의미역 분류 체계와 긴밀히 연계되고 있다. 의미기술 체계는 개념범주와 의미범주의 심리적 현실성을 충분히 반영해야 할 뿐만 아니라 연산성도 갖추어야 한다.

본 논문에서는 의미결합관계의 틀 안에서 동사의 기본의미자질집(語義特徵集)에 근거하여 동사체계의 의미분류 나무그림(tree)을 도출하였다. 그리고 이에 기초하여 분류 나무그림의 매듭들을 귀납 정리하고 현대 한국어 동사의 4계층 의미분류 모듈 체계를 만들어냈다. 즉 의미장, 의미차장, 어휘의미군과 의미유별이다. 그 중 의미장은 상태, 관계와 행위 3가지를 포함한다. 상태의미장은 물리상태 의미차장과 정신상태의미차장 등 2가지를 포함하며 관계의미장은 소유의미차장과 유동(類同)의미차장 등 2가지를 포함하며 행위의미장은 변화의미차장, 이동의미차장, 작용의미차장, 사역의미차장과 정신활동의미차장 등 6가지를 포함한다. 따라서 의미차장은 모두 10가지가 된다. 각 의미차장은 같지 않은 량의 어휘의미군을 포함하고 있는데 모두 34가지가 있다. 각 어휘의미군도 같지 않은 량의 의미유별을 포함하고 있는데 모두 84가지로 된다.

제5장에서는 각 동사부류를 기술하였다. 이 장에서는 동사를 통합적으로 기술하는 차원에서 각 동사부류를 보다 상세히 기술하였다. 그 내용은 동사의 기본 의미구조, 기본 통사구조를 포함하고 있다.

제6장은 이론연구의 실제 응용부분이다. 이론응용의 차원에서 한국어의 언어적 특징을 고려하여 통사를 통해 의미를 기술하는 기술적 노선을 취하여 통사적 정보와 의미적 정보를 통합하였다. 이를 위해서 "구조체"란 개념을 제기하였다. 그리고 이 방식으로 이상 두 가지 정보를 통합적으로 기술하였다.

한국어 동사 의미결합관계를 연구함으로써 문장의 의미구조를 탐구하는 것은 동사 어휘가 드라이브하는 구조언어모형의 구축과 한국어 언어이해 기술의 발전에 이로울 것이다. 본 연구성과는 의미를 기초로 하는 기계번역체계와 한국어 언어이해체계의 연구개발 등 분야에 응용할 수 있다.

● 키워드 | 한국어, 의미결합관계, 의미역, 동사의미분류, 통합적기술, 결구체

제1장 서 론

언어학은 하나의 과학으로서 과학적 이념을 추구하는 동시에 사람들이 그 사회적 가치에 관심을 많이 두고 있다는 사실에서 필자는 언어학의 사회적 가치는 적어도 현실성(現實性), 실증성(實證性)과 실용성(實用性)을 포괄하고 있다고 본다. 현실성은 어느 문법이론의 해석능력을 가리킨다. 여기서 해석능력이란 것은 가장 기본적이며 중요한 언어사실을 체계적으로 기술하는 잠재능력을 말한다. 실증성은 말뭉치에 대한 수용가능성을 가리킨다. 즉 대상으로 다루는 언어사실이 어느 정도 사람들에게 수용되고 인정빋는가를 말한다. 실용성은 해당 문법이론의 조작성(操作性)을 가리킨다. 즉, 간결한 대중화 언어표현으로 연구취향, 연구대상, 연구절차와 연구성과를 표현할 수 있는가 없는가, 그리고 그 성과는 반복적으로 검증될 수 있는가 없는가, 또는 어느 정도 경제적 효과로 전환할 수 있는가 하는 것을 말한다. 그래서 척우촌(戚雨村) 선생(1998)은 "언어학은 중요한 응용가치를 갖는 학문이다. …(중략)… 언어학은 경험성을 갖는 실증적 학문일 뿐만 아니라 중요한 이론적 가치를 갖는 학문이다. 이론은 실천에서 왔을 뿐만 아니라 실천을 지배하기도 한다"라고 하고 있다.

언어학은 다른 과학과도 밀접한 관계를 가지고 있다. 본 연구는 언어학과 그 인접과학(전산언어학, 인지언어학 등)의 차원에서, 현대 서양언어학 이론을 종합적으로 분석한 기초에서 그들의 합리적인 내용을 흡수하여 한국어의 언어현실에 맞는 한국어 정보처리를 지향한다. 또 이를 바탕으로 언어지식표달체계를 확립함에 있어 필요한 이론지원과 기술적 보장을 제공하는데 목적을 두고 있다. 필자는 이 체계가 쉽게 다룰 수 있고 개방성이 있는 연산체계이기를 바란다. 본 연구는 한국어 핵심문(核心文)을 기본으로 하여(定位), 동사와 명사 사이의 의미적 결합관계 틀 안에서의 의미역, 동사 의미분류 그리고 동사의 통사의미적 지식표현 모듈 등의 제반 문제를 탐구하고자 한다.

일부 학자들은 인지학을 기초로 한 언어체계는 컴퓨터 체계처럼 쉽게 다룰 수 있고 연산이 가능한 체계라고 언급하고 있다. 그러나 이는 Chomsky가 말하듯 몇 세대를 거치는 노력이 필요한 것이다. 이런 원인으로 해서 세계 각국의 학자들은 각이한 언어를 대상으로 하여, 이 복잡한 조작성체계를 확립하는데 많은 노력을 하고 있다. 본 연구 역시 이러한 연장선상에 있는 한 부분으로 그리고 외국인의 시각으로 한국어를 분석하는 것에 그 의의를 가진다고 하겠다.

제1절 연구방법, 목적과 의의

1.1. 연구방법

본 연구는 실증주의적 연구방법을 취함으로써 Chomsky의 순수이론적 방법의 모순이 가져올 수 있는 곤란을 피하고자 한다. 실용주의(pragmatism)는 20세기 언어학에서 경험주의(經驗主義, empiricism)와 이성주의(理性主義, rationalism) 이대 학술사조의 격렬한 논쟁에 대한 융합의 산물이라고 볼 수 있다. 이성주의는 유심주의적 색채를 갖지만 경험주의는 유물주의적 색채를 갖는다. 그러므로 실용주의는 변증법 관점에 더 어울린다 하겠다. 경험주의는 자연언어를 처리할 때 일반적으로 통계적 방법으로 통계적 언어모형을 획득하는데 반하여, 이성주의는 규칙적 방법으로 언어모형을 획득하는 차이를 가진다. 필자는 이들이 서로 대립적인 것이 아니라 보는데 사실상 통계적 방법에 기초한 경험주의적 방법은 이성주의를 떠나지 못하고 사실상 이성주의의 기반에서 진행되는 것이며, 규칙적 방법에 기초한 이성주의적 방법은 처음부터 말뭉치를 관찰하여 정리하는 것을 기반으로 진행하는 것이라고 본다. 이 두 가지 방법 차이는 사실 그 중점을 어디에 두는가 하는 것일 뿐이다.

경험주의자들은 모든 개념이 경험에서 형성되고 경험으로 검증받은 언어지식만이 의의가 있다고 여긴다. 이 방법은 국제전산언어학계에서도 보편적인 사실로 받아들여지고 있는데 주요한 표현으로 언어지식의 정밀도가 날이 갈수록 정밀화하고 말뭉치에서의 대규모 텍스트에 대한 자동태킹의 정확율이 높아지며 자연언어처리에서 어휘부의 지위가 점점 높아져 가고 있다. 그러나 이성주의자들은 규칙적 방법에 기초한 통사의미적 분석 방법을 취하여 자연언어에 대해 어느 정도의 제한을 가할 것을 요구한다. 그래서 "제한언어"란 개념을 내어놓고 있다. 풍지위(馮志偉, 1996)는 경험주의적 방법과 이성주의적 방법을 결합시켜야 한다고 주장하면서 "자연언어처리는 풍부하고 다양한 지식의 지원이 필요한데 경험주의적 방법으로 정밀도가 높은 지식을 얻어야 할 뿐만 아니라 이성주의적 방법으로 정밀도가 낮은 지식을 얻어야 하기 때문"이라고 말한다.

언어학은 실용적 과학이므로 언어이론도 실용적 가치를 감안하여야 한다. 이러한 각도에서 볼 때 언어연구는 방법론적 선택에서 실용성 원칙을 중요시해야 한다. 이 원칙은 자연언어처리연구에서 더욱 중요한 의미를 가진다. 여러 언어학파 중에는 언어를 사회현상으로 보는 학파도 있고 문화현상으로 보는 학파도 있고 심리현상으로 보는 학파도 있다. 그러나 언어학은 본위연구로서 언어를 음(音), 형(形), 의(義)를 결합하는 부호체계로 간주해야 하며, 그밖의 비언어적 요소들(사회요소, 문화요소, 심리요소 등)을 상대적으로 엄격한 범위 안에서 제어하여야 언어학연구의 공간을 형성할 수 있다. 이 공간이 포함하는 기본적 의미는 "언어학이 탐구하는 것은 경험적 범위 안의 관계 사실인데 언어구조 내부와 외부에 대한 해석을 망라하며 응용연구자들에게 다루기 쉽고 운행될 수 있는 체계를 제공하는 데 목적을 둔다."는 것이다(鄭定殿, 1999).

1.2. 연구목적

▌**목적 1** : 첫째 목적은 언어정보처리의 의미적 층위에서 동사와 명사성 성분 사이의 결합관계를 연구하는 것이다. 언어학의 발전과정에서 19세기말 20세기초 현대언어학이론의 창시자로 불리우는 소쉬르(Ferdinand de Saussure)는 언어학의 역사상 획기적인 새로운 전기를 마련하였다는 평가를 받았다. 그는 언어학을 시간적으로 공시언어학과 통시언어학으로 양분하고 기능적으로 언어능력과 언어수행으로 양분하였다. 그는 또 언어를 하나의 부호체계로 여기고 부호체계 안의 각 요소 사이의 관계를 계열관계(Paradigmatic Relation)와 결합관계(Syntagmatic relation) 두 가지의 유형으로 나누었다.[1] 소쉬르가 계열이론과 결합이론을 제출한 후부터 언어학자들은 언어의 계열관계와 결합관계를 효율적으로 연구해왔다. 어음적 층위뿐만 아니라 어휘적 층위, 통사적 층위 그리고 의미적 층위에서 계열관계와 결합관계가 다 존재하고 있음을 연구한 것이다. 필자는 술어동사가 통사구조와 의미구조에서 중심적 위치를 자리잡고 있고 동사가 통사적으로나 의미적으로 문장구조의 형식을 직접적으로 결정하고 있다는 점을 강조하고자 한다.

---

1) 이정민, 배영남(2000), ≪언어학사전≫(p612), 박양사.

▌목적 2 : 언어정보처리를 위한 한국어 언어지식표달체계를 확립하는데 언어학적 보장과 기술적 지원을 제공하고자 한다. 현대언어학은 언어 의미연구로 편향된 추세를 보인다. 의미는 언어교제의 중심적 고리이고 어음과 문법은 의미를 정확하게 전달하기 위함이다. 의미 문제를 해결하는 것은 인간이 사회교제에 필요할 뿐만 아니라 컴퓨터가 자연언어이해에 필수적인 것이다.

자연언어이해는 다음과 같이 해석할 수 있다. 자연언어의 형식을 인식하고 지식에 기반하여 추리하며 자연언어를 이해하는 것이다. 자연언어정보처리는 글처리 단계, 어휘처리 단계를 거쳐 문장처리단계에 이르렀다. 인지체계 혹은 지능화체계는 실지적인 지식획득과 지능모방 단계에 발전해왔다. 이 단계에서 통사적 지식, 의미적 지식 그리고 화용적 지식에 대한 기초이론연구를 강화해야 한다. 이런 연구 과제는 언어정보처리 분야에서 가장 어려운 첨단분야의 과제이기도 해서 국내외 학자들의 주목을 이끌고 있다. 그 중에서 통사적 지식과 의미적 지식의 획득은 연구 목적의 핵심으로 되며 그 중에서도 의미적 지식의 획득이 더욱 중요하다고 할 수 있다.

1.3. 연구의의

▌이론적 가치 : 과거에 사람들은 문장의 통사적 층위의 문형연구를 중요시했는데 이는 문장연구의 한 측면으로서 문형에 대한 기술에 불과하며 문형을 통해 심층적 의미구조와 그 내부의 의미적 관계를 탐구하지 않았기에 이러한 기술은 불완전하고 순수한 형식적인 것이라 할 수 있다. 최근 의미결합관계 연구는 통사론과 의미론이 동시에 포함된 연구들이다. 동일한 언어형식이 다양한 의미적 내용을 내포하고 있다는 것에 주목하고 있는 것이다. 예컨대, "NP1-을+V"의 경우에는 동사의 의미에 따라 NP1

가 달라진다. NP1가 의미적으로 수동자가 될 수도 있고 결과가 될 수도 있으며 목적이 될 수도 있다(필옥덕, 2001). 의미구조를 연구하면 동사를 중심으로 하는 문장의 각종 격식과 규칙을 기술하거나 해석할 수 있다. 문법연구는 형식과 의미의 결합임을 간과해서는 안된다. 형식만을 중시하고 그 의미를 논하지 않는다면 그 역시 절름발이에 불과하다. 전체적으로 문장의 의미구조 유형을 연구하는 것은 앞선 연구에 기초하여 의미연구의 범위를 확대하고 의미적 층위와 통사적 층위 사이의 대응관계를 찾아냄으로써 문장을 더욱 분명하고 전체적으로 이해하고 그 구조를 알아내기 위함이다. 필자는 현대언어학의 발전에 따라 의미 연구를 중심으로 하여 의미결합관계의 틀 안에서 정보처리를 지향하는 의미역 체계와 동사 의미분류체계를 연구하면 상대적으로 의미 해석능력이 강한 언어지식표달체계를 확립할 수 있다고 본다. 그러므로 이러한 연구 방법은 한국어 연구의 중심과제로 충분한 가치가 있다.

■ **실용적 가치** : 의미표시 문제는 인공지능 분야에서 연구해야 할 근본적이 문제 중의 하나이며 현재 연구가 가장 활발히 진행되고 있는 분야이다. 지식표시(표상)는 기계로 지식을 표시하는 가능성과 유효성을 연구하는 일반적 방법이며 데이터 구조와 제어 구조의 통합체로서 지식의 저장뿐만 아니라 지식의 사용도 고려되어야 한다. 지식표시는 자연언어이해 분야에서 매우 중요한 위치를 가지고 있는데 이는 자연언어이해 체계의 성공 여부를 결정하는 중요한 요소로 작용한다.

자연언어이해에 필요한 지식 가운데는 언어지식과 비언어지식을 표함하고 있다. 언어지식은 문자지식, 어휘지식, 통사지식, 의미지식 그리고 화용지식 등을 포함하고 비언어지식은 문화 일반의 상식 등을 포함하고 있다. 인류사회가 산업화시대에서 정보화시대에 들어오면서부터 정보화시대에 걸맞은 두뇌노동의 전산화 실현을 요구하고 있다. 즉 컴퓨터로 하여금 자연언어(복잡한 의미관계를 포함)를 처리하도록 하는 것이다. 이 과정에서 가장 중요한 것이 바로 동사와 명사성 성분 사이의 결합관계에 의한 의미관계이다. 본 연구는 언어정보처리 분야에서 중요한 의미를 갖게 되는데 한국어의 정보처리와 한-외 기계번역에 주요한 언어학적 성과를 제공하게 될 것이다.

이 외에 본 연구는 외국인을 위한 한국어 교수에도 도움이 될 것이다. 전통적인 외국어 교수법에서는 문법형식을 중요시하였다. 만약 의미적 차원에서 심층에서의 언어의 내부구조를 이해하여 모국어와의 비교를 통해 외국어지식을 습득한다면 한층 부담을 줄일 수 있을 것으로 기대한다. 의미구조 연구는 문장의 이해와 생성에 도움을 줄 수 있다. 다 아는 바와 같이 이와 같은 연구의 핵심은 동사를 중심으로 하여 문장을 구성할 때 어느 성분(논항)이 꼭 필요할가 또는 어느 성분(논항)이 동사의 지배를 받을 수 있는가를 알아내야 하며 이들 성분(논항)은 문장에서 어떤 위치에 있는가도 알아내야 한다. 이 두 가지 문제를 알아내면 규칙에 의하여 합법적인 문장은 생성할 수 있게 된다. 필자는 술어의 논리분석을 기초로 하여 통사와 의미 두 가지 측면에서 문장의 내부구조를 분석하고 기술함으로써 동사로부터 문장 유형에로의 도출관계를 확립하는데 노력하고자 한다. 통사구조와 의미구조 사이의 대응관계를 알아내면 이 연구성과들을 외국어 교수와 번역교수에 옮겨 응용할 수 있다.

제2절 기존 언어이론 종합평가

이 절에서 필자는 주로 현대언어학이론에 대한 분석으로부터 시작하여 각 이론이 공통적으로 관심을 갖고 있는 문제를 찾아내고자 한다. 특히 문법이론을 다룸에 있어 피할 수 없는 문제인 동사와 명사성 성분 사이의 의미관계를 조명하고자 한다.

N. Chomsky의 생성문법은 초기의 제1언어모형(First Linguistic Model)으로부터 표준이론(Standard Theory), 확대표준이론(Extended Standard Theory)을 거쳐 지배결속이론을 넘어 90년대의 최소주의이론(Minimalist Program)까지 쉼 없이 이어져 왔다. N. Chomsky가 자신의 이론을 펼치는 기본적 출발점은 언어이해와 모국어를 사용하는 인간의 언어능력을 동일시하여 내면화적(internalized)인 소리와 뜻을 연계하는 일련의 규칙을 도출해 내는 데에 있다. 또 이렇게 정의된 이들 규칙은 언어의 실제사용에서 관찰을 통해 해석과 검증을 받기도 한다. 그는 "언어학이론이 심리적인 것은 그가 인간 행위를 기초로 하는 심리현실을 제시하는 것과 관련되어 있기 때문이"라고 말하고(Chomsky, 1965 : 4) "정신적 상태는 정신적 구조를 갖고 일련의 원칙과 규칙을 내포하고 있으며 각종 유형의 정신적 표현방식(mental representation)과 연결되어 있다."라고 정의한다(Chomsky, 1965 : 48). 그의 가설에 의하면 이들 규칙은 다음 조건을 만족해야 한다. 즉 (1) 생산성(generative) : 규칙을 거쳐 합법적인 문장을 자동적으로 생성할 수 있다. (2) 간단화(simple) : 간단할 수 있는 규칙들을 간단화하여 한정한 규칙으로 무한적 문장을 생성할 수 있는 목적을 이룬다. (3) 명쾌함(explicit) : 규칙들이 명쾌하여야 하며 모호함이 없어야 한다. (4) 형식화(formal) : 수학처럼 규칙들을 형식화해야 한다. (5) 철저함(exhaustive) : 규칙은 가능한 모든 언어현상을 포괄해야 한다. (6) 순환성(recursive) : 규칙은 반복적으로 사용할 수 있다. 그밖에도 생성문법은 문법과 의미의 관계를 처리하는데서 "문법자유"로부터 의미과 의미성분의 기능을 중요시하는 과정을 거쳤다. 그의 "큰 어휘부와 작은 문법(大語彙, 小文法)"의 관점은 이를 입증해주고 있다. <통사구조>를 대표하는 제1언어모형이론 시기에는 의미는 문법에서 아무런 지위를 갖지 못했다. Chomsky는 당시 "문법학은 스스로 하나의 체계로 형성하고 있어 의미를 떠나서 독립적으로 존재한다"고 강조했다(Chomsky, 1957 : 11). 그러나 연구하면 할 수록 의미를 배제하여 생기는 모순이 날이 갈수록 많아짐을 느끼게 됐다. 촘스키의 규칙에 의하여 "Jhon drinks wine."와 같은 합법적인 문장을 생성할 수 있지만 "Wine drinks John."와 같은 비문도 생성할 수 있는 모순을 해결하지 못했다. 그래서 그는 표준이론에서 의미를 전체 문법체계에 다시 받아들여 아주 중요한 부분으로 정의하였다. 그는 동사와 명사 사이에 선택제한이 존재한다고 정의했다. 예컨대, 동사 drink의 경우에는 그 앞에 명사구가 꼭 생명체여야 한다. 즉 NP1[+생명], [±생명], [±추상], [±구체] 등과 같은 의미자질은 어휘부의 해당 주제어 아래에 기재되어 의미선택을 통해 비문 생성을 억제할 수 있음을 논한 것이다. 20세기 60년대의 어휘부 연구는 초보적이라 할 수 있다. 그 후부터 점차 발전하여 20세기 80년대에 Chomsky는 문법체계에서 어휘부분을 설치하였는데 이것은 그가 어휘항목마다 의미선택과 어휘선택 상의 특징이 통사구조에서 어떻게 반영되어있는가 하는 문제에 대한 관심을 보여주고 있다. 의미역이란 개념도 Chomsky(1981)가 내어놓은 지배와 결속이론(GB)과 그후에 형성된 원칙과 변수 이론(The Principles and Parameters Approach)에 받아들여져 그 두 가지 큰 원칙, 즉 의미 역할 원칙(The Theta Criterion)과 투사 원칙(Projection Principle)의 중요한 구성부분으로 되었다. 20세기 90년대 제기한 최소주의이론은 생성과정을 순수한 연산과정(computational process)으로 간주하였다. 이 연산과정은 어휘부에서 긱종 자질(범주자질, 의미자질, 의미역자질 등)을 가지는 어휘를 뽑아서 Ｘ-바 이론에 의해 하나하나씩 숭심어(핵어)로 구성된 명사구를 표층구조에 투사하는 과정이다. 어휘부에서 제공하는 어휘항목에 기재되는 자질은 통사구조에 들어간 후 연산, 해석, 계열 심지어 최종적으로 발음까지 정확한 문장을 생성하는데 결정적 역할을 한다.

　격문법(case grammar)은 Fillmore가 1968년 "Case for Case"라는 글에서 제출한 것이다. 그 출발점은 생성문법이 통사구조에서 명사구의 위치 및 동사 사이의 관계를 통해 명사구의 역할을 인식할 수 없음은 해결하기 위함이었다. 그는 언어에는 보편적인 은성범주(covert categories) 즉 심층격(deep case)이 존재한다고 주장했다. 심층격(deep case)은 동사와 명사구 사이의 심층적 의미관계를 반영하며 동사를 중심으로 하여 기타 명사구가 어떤 관계로 동사를 수반하는가를 반영하는 의미관계를 해석하는 도구이다. 심층격은 문장의 의미구조 및 그의 내포 의미를 제시하며 구체적 문장으로 나타나는 표층구조는 의미구조가 주어 선택 규칙에 의한 투사일 뿐이다. 격의 구분은 형식 논리 연산법에 의해 진행되는 것이다. 즉 하나의 문장을 기술할 때 동사가 어떤 사건을 결정하는가를 봐야 하며 동시에 누구 또는 어떤 사물이 사건의 참여자인가를 봐야 한다. 술어 논리연산은 "심층의 술어에 있어서 고정적인 순서가 없고 그들이 술어동사와의 의미관계에 따라 서로 다른 명칭으로 지어진다"는 것이다(Bolinger 1993 : 803). 후기 격문법이론(Fillmore, 1988)은 장면(sense)과 투시역(perspective) 두 개념을 받아들여 세 가지 층위(격 층위, 문법관계 층위와 표층구문 층위) 구조를 설치함으로써 문장이 기술하는 사건과 문장을 연계시켰다. Fillmore 의 말에 의하면 문장이 기술하는 것은 하나의 장면(sense)이며 그 장면의 참여자는 각각의 격역할(格役割)을 담당한다. 투시역(perspective)의 선택을 거쳐 일부분 참여자가 투시역에 들어가 문장의 핵심성분으로 되고 하나하나의 핵심성분은 심층적 문법관계(문법관계 층위에서)를 가지게 된다. 그리하여 하나의 문장은 두 개의 심층적 분석 층위, 격 층위와 문법관계 층위가 있게 되고 또 이 두 층위는 표층 구문 층위와 연계하여 문장의 의미현상과 통사현상을 해석하게 된다(兪如珍, 1990 : 54).

격문법은 보편적 의의를 갖는 일련의 의미격들로 문장을 기술하는 것과 통사현상과 연결된 점에서는 긍정적이라 할만하다. 그런데 의미의 역할을 너무 중요시하기에 많은 문법현상을 해결할 수 없다. "주어, 목적어와 같은 문법관계는 격 개념으로 설명할 수 없기 때문이다."(徐烈炯, 199 5 : 208) 그밖에 격문법의 치명적 결함은 합리적 해석능력이 강한 일련의 격 목록을 내놓을 수 없는 것이다. 격문법에 제출한 격은 너무 개괄적이기에 동사의 구체적 의미유형을 변별하지 못해 모든 동사성 문장을 변별성을 갖도록 의미해석을 할 수 없었다.

프랑스 언어학자인 L.Tesnière가 창립한 의존문법이론은 1959년 출판된 ≪구조적 통사기초≫에 비교적 자세히 논의되어 있다. 이 문법이론은 통사구조의 각 성분 사이의 관계를 중요시하고 있다. 구조적 통사는 문장 연구를 주요한 목적으로 삼는데 문장은 조직적인 정체(整體)이면서 문장을 구성하는 성분은 어휘뿐만이 아니라 어휘사이의 관련성(connation)도 포함되어 있다. 여기서 관련성이란 개념은 전체 구조적 통사문법의 기초이다. 구조적 관련성은 어휘 사이의 종속관계를 확립한다. 각의 관련성은 원칙적으로 상위 항목과 하위 항목을 이어주는데 상위 항목은 지배사(régissant)이고, 하위 항목은 종속사(subordonné)이다. 문장 안의 전체 어휘는 서로의 관련성을 통해 층위적인 체계를 이룬다. 문장의 구조는 바로 각종 관련성이 형성한 층위적 체계이다(胡明揚, 1988 : 12). 동사중심론을 주장 많은 학자들로부터 긍정적인 반응을 얻어냈던 의존문법은 "동사는 문장의 중심이며 기타 성분은 동사의 지배를 받는다."라고 정의하고 지배받는 성분은 행동주(actant)와 상태주(circonstant)라고 정의했다. 또 상태주는 무한하지만 행동주는 주어, 목적어와 보이 3개밖에 없다고 한다. 이 이론에 따르면 행동주의 수(數)는 동사의 항가(項價)를 결정한다. 즉 동사는 갈고리가 있는 원자(原子)처럼 그것이 걸 수 있는 행동주의 수가 곧 그 동사의 항가라는 것이다. 하나 걸면 1항동사, 둘을 걸면 2항동사, 셋을 걸면 3항동사이다.

L.Tesnière의 통사와 의미 사이의 관계에 대한 관점을 보면 "통사는 논리학과 심리학과 아무런 관계가 없다. 이는 내용을 내포하는 사상의 자체가 아니라 사상을 표달하는 형식만을 다룬다. 통사는 완전히 독립적이다."라고 주장한다. 그는 통사와 의미가 서로 독립적이라는 관점을 주장한다. 의존문법은 동사와 관련되는 공기 성분의 수량에 주의를 들림으로써 "항가문법(項價文法)"의 시작이라 할 수 있다. 그러나 이 이론은 통사와 의미 사이의 관계를 홀시하고 각 성분의 범주적 특성과 의미적 특성을 의식하지 못했기 때문에 동사의 의미적 특성과 해당 통사적 특성을 상세

히 기술할 수 없게 된다.

독일언어학자인 Gerhard Helbig가 창립한 항가문법은 본격적인 구조적 통사문법 범주에 속한다. 이 이론은 구조가 단순한 논리적 주술관계 또는 교제적 정보를 담는 어휘로 구성되는 것이 아니라 술어동사를 문장의 중심으로 삼고 술어동사가 일정한 수량의 빈자리를 내어 명사구, 전치사구, 부사구 심지어 동사구(to be)나 종속문이 올 수 있게 함으로써 합법적인 문장을 형성한다는 것이다. 이렇게 함으로써 약간의 필수 혹은 선택적인 어휘의 다층위적 특성을 수용하고 또 문장을 다층위적으로 기술함으로써 방대하고 체계적인 실용문법 모듈체계를 구축할 수 있게 되었다. Helbig는 항가란 개념은 서로 다른 층위가 있고 서로 다른 층위적 항가는 공기 어휘(보족어)의 각각 면을 반영하고 있다고 말하고 있다. 통사적 항가는 항가 운반자(동사)가 논리－의미적 빈자리를 차지하는 형태통사적 보족어(補足語)의 수량과 종류에 따라 요구하는 것이며 보족어의 필수성과 선택성에 대한 규정이다. 이로써 술어동사(문장유형)에 대해 다층위적인 기술을 할 수 있게 된다. 1) 보족어의 수량과 필수성이나 선택성에 근거하여 10가지의 제1차 모듈을 구분해낸다. 예컨대, "berichten 1＋(2)＝3(보고하다)"는 동사가 하나의 필수적 보족어와 2개의 선택적 보족어를 가지는 3항동사임을 나타낸다. 2) 보족어의 종류(성질) 즉 보족어의 문법형식에 따라 제2차모듈을 구분해낸다. 예컨대 "berichten－Sn,(Sd),(Sa/PS/NS)"에서는 괄호 내의 보족어는 선택적이고 Sn은 1격 명사, Sd는 3격 명사, Sa은 4격 명사를 각각 대표한다. 또 PS는 전치사구, NS는 종속문을 각각 대표한다. 3) 제3차모듈은 보족어의 의미적 특성 즉 의미적 선태제한을 표시해 준다. 의미적 항가는 보족어의 의미적 역할에 대한 규정으로 의미격이라고도 한다. 이에 근거하여 문장 기술은 의미격을 통해 실현된다. Helbig는 모두 26가지의 의미격을 구분해냈다. 의미격을 도구로 하여 10가지의 한정문($P(x)$)과 29가지의 관계문($P(x,y)$ or $P(x,y,z)$)를 기술했다.

항가문법은 독일어의 풍부한 형태적 특징을 충분히 고려하여 문장을 다층위적으로 기술할 수 있게 되었다. 그러나 문제는 통사적 항가로 구분해내는 통사구조와 의미적 항가로 구분해내는 의미구조를 어떻게 대응시키는가 하는 것이다. 항가문법은 동사가 명사성분에 대한 지배능력을 제시하는데 목적을 두고 있다. 그러므로 동사의 지배능력을 더욱 완전하게 반영하려면 동사와 그가 지배하는 명사성 성분 사이의 의미관계를 기술해 내야만 한다. 다시말하면 동사와 명사성 성분 사이의 의미역할을 제시해야 한다는 것이다.

개념의존이론(conceptual dependency theory, CD Theory)는 미국학자인 R.Shank가 1973년에 내어놓은 것인데 약간의 의미적 요소로 행위와 상태를 표시하는 사상으로서 자연언어 문장에 대한 추리와 해석을 실현하는데 목적을 두고 있는 이론이다. 그는 인간이 사물을 인식하는 과정에서 모종의 개념기초(概念基, conceptual base)가 있는데 언어의 이해 과정은 바로 문장을 개념기초 위에서 구성(mapping)하는 과정이라 보았다. 문장은 개념 사이의 상호관계를 반영하며 개념구조를 형성한다. 두 문장이 뜻이 같으면 같은 개념구조를 갖고 같은 의존관계를 갖는다. 이전의 절대수의 언어학이론은 비록 자연언어의 공간에서 언어를 연구하였다면 Schank가 제출한 개념의존이론은 언어개념의 공간 안에서 언어를 연구한 셈이다. 그러나 Schank는 "전이(轉移)"란 개념만을 가지고 깊이 연구했다는 한계를 가지고 있다. 즉 언어개념 공간의 일부만을 세심하게 연구했다는 것이다. 그럼에도 불구하고 Schank를 언어개념공간을 연구하는 선행자이라 할 수 있는 것은 그가 컴퓨터로 자연언어를 분석하는데 통사를 거칠 필요가 없고 직접적으로 의미해석에 들어가야 한다고 주장하고 있기 때문이다. 그의 학설은 어느 특정한 분야에서는 실현될 수 있다고 하겠지만 응용분야에 확대할 경우에는 많은 어려움을 가지고 있다. 그런데 사실상 컴퓨터가 자연언어에 대한 분석은 어휘와 통사에서 인식을 얻게 되고 그 다음에 뜻에 대한 표달을 획득할 수 있어야 된다. 특히 대규모 텍스트에 대한 처리에서는 더욱 그렇다. 예컨대 날씨예보 번역시스템을 만들면 그 효과를 확인할 수 있을 것이다. 왜냐하면 이 분야의 어휘가 500개 정도에 불과할 뿐만 아니라 대부분이 지명이고 극히 작은 양의 어휘만이 동사여서 번역의 정확률이 높기 때문이다. 그러나 일반 기계번역 시스템을 만들 때는 더욱 어려울 것인데, 그것은 풍부하고 다양한 어휘와 문법현상이 많기 때문이다. 이것은 바로 Schank가 개념의존이론을 기반하여 만든 모형시스템[2] (MARGIE, SAM, PAM)이 실용적인 기계번역시스템으로 이어지지 못한 원인이다.

제3절 선행연구성과

3.1. 유럽언어학계의 연구상황

이상에서 소개한 바와 같이 Chomsky를 대표로 하는 서방언어학자들은 의미를 배제하는데로부터 의미를 중시하는데 이르고 또 의미를 각 이론학파들의 핵심적 내용으로 삼는 데까지 발전해 왔다. 또 지금 이 시간에도 의미역 문제와 동사 의미분류 문제를 놓고 치열한 토론을 펼치고 있다. 본 연구는 주로 언어정보처리를 지향하는 언어학적 이론 틀을 구축하는데 목적을 두고 있기에 본 연구에 있어서 서방언어학의 이론은 더 말할 것 없이 중요한 참고 가치가 있다.

대규모 의미적 자연언어 프로젝트를 놓고 말하면 영어와 기타 유럽어를 기술 대상으로 하는 연구성과가 비교적으로 많은 편이다. 예컨대 WordNet, MindNet, FrameNet등이 있다. 20세기 80년대부터 Princeton대

---

2) 吳蔚天, 羅建林(1994 : 54-55)은 Schank의 3개의 모형시스템을 소개한 것을 참고하기를 바란다.

학의 일부 학자들이 연구개발하기 시작한 WordNet는 심리언어학 원리를
기반하는 사전이다. 그 특점은 어휘의 형태가 아니라 어휘의 의미에 근거
하여 어휘정보를 구성하는 것이기에 의미사전이라 한다(Miller, 1990).
WordNet에서 어휘는 우선 15개의 종류로 나누어지고 나서 그 하위범주
인 동의어집합(Synset)으로 귀납된다. MindNet는 색인 프로그램을 가지는
의미지식 데이터베이스이다. 이 프로그램은 매개 어휘의 뜻을 결정하고
최종적으로 문장의 뜻을 결정하는 형태를 시도하고 있다(Richardson, 1998).
그밖에는 FrameNet등이 있다(Bake, 1998).

영어 의미학 사전 연구 방면에서는 『영어분류개념사전』은 인간의 개념
을 "추상관계, 공간, 물질, 지력, 의지와 감정"등 6가지로 나누었고 『로만
현대영어(개념분류)사전』은 14개의 의미장이 포함하는 어휘들을 수록하고
있다.

3.2. 중국어학계의 연구상황

의미 문제는 중국 한어학계에도 많은 관심을 끌고 있는 화제다. 어느
구체적인 의미성분이나 동사 분류에 대한 전문적 연구 외에도 의미역 체
계와 동사분류체계에 대한 연구도 많은 성과를 거두었다고 할 수 있다.
이는 언어정보처리를 지향하는 의미 프로젝트에서 구현되고 있다.

(1) 905프로젝트 소속 의미 분과(魯川, 林杏光 등)는 Fillmore의 격문법을
개량하여 동태적 의미의 차원에서 현대한어(現代漢語)의 격틀과 의미결합
관계를 연구하여 ≪현대한어동사사전≫을 내고 정보처리용 현대한어(現代
漢語) 동사 의미분류 체계를 구축하였다. 그 이후로도 노천선생은 이 체계
를 부단히 수정하고 보완하여 "한어의미결합망문법(漢語意合網絡語法)"을
내놓았다. 그들의 연구사상과 연구성과는 본 연구의 중요한 이론적 배경
을 이룬다.

(2) 동진망(董振東)은 다 년간의 세심한 연구를 거쳐 "知网(HowNet)"를 건립하였다. 知网(HowNet)은 중국어(漢語)와 영어가 표시하는 개념을 기술 대상으로 하여 개념 사이의 관계와 개념이 가지는 속성을 기본 연구 내용을 하는 상용지식 데이터베이스라고 할 수 있다.

(3) 황증양(黃曾陽)은 스스로 창립한 개념의존네트워크(HNC)이론으로 어휘층위의 구분 연상 맥락 체계를 건립하였다. 이 체계는 한어 단어의미를 기술하는데 완벽한 방법론을 제공하여 구체적 성과를 이루었다. 그는 동사의 의미분류와 의미역의 위계를 결합하여 동사구문의 의미구조의 구분적 기술과 틀 표시(Frame Representation)를 위한 연산이 가능하고 심리적 현실성에 알맞은 해석모형을 구축하였다.

3.3. 한국어학계의 연구상황

한국어학계에서는 현대언어학의 발전 흐름에 따라 의미역이론과 관련된 연구를 많이 진행해 왔다. 의미역과 동사분류 연구는 이론언어학자들뿐만 아니라 자연언어처리 전문가들의 주목을 끌고 있다.

(1) 대표적인 연구는 한국문화관광부의 세종계획을 들 수 있다. 세종계획 소속 전자사전분과는 1998년도부터 줄곧 의미역과 관련하여 계속 연구해 왔는데 의미역 체계의 구축과 동사분류연구를 중점적인 주요한 과제로 삼고 있다.

(2) 김민수선생은 1980년에 Fillmore의 격문법이론에 근거하여 한국어 동사 문제를 연구하여 내면격 목록을 내세우고 동사에 대해 초보적인 분류를 한 적이 있었다.

(3) 최기선(1996,1997)은 ≪국어정보처리 기반 연구≫에서 한국어 동사구문의 기본 문형에 따라 동사를 13가지의 기본 유형으로 분류하고 다시 주어와 목적어의 의미역할에 따라 34가지로 분류하였다.

본문에서는 이상 내용을 해당 장절에서 상세히 소개하고 분석하기로 한다.

그 밖에 천기석(1984)은 낱말밭이론을 이용하여 한국어 동작동사와 상태동사에 대해 비교적으로 체계적인 연구를 하였다.[3] 박덕유(1998)는 동사의 기본 분류를 놓고 상태, 심리(지각, 인식, 감각), 행위, 변화, 완성, 순간, 이동 등 7가지로 나눈 적이 있다. 이주행(2001)은 동사를 기능이나 활용형태나 의미에 따라 분류하였다. 그중 의미에 따른 분류는 "순시 완결 동작 동사, 지속 미완 동작 동사, 상태동사, 관계동사, 심리 현상 동사, 결여동사"이다.

이 외에도 많은 학자들이 어느 한 부류 동사에 대해 통사적으로 의미적으로 논의하고 연구를 진행해왔다. 이정민(2000)은 "상태변화 및 창조동사의 의미구조"에서 상태변화동사의 특징과 기술에 대하여, 창조동사의 의미자질과 하위분류에 대하여, 장소이동동사에 대해 동사구문의 필수성분 "에/로"의 분포에 대하여 각각 논의하였다. 그는 "창조동사"의 하위분류로 "만들다"류, "끓이다"류, "가꾸다"류, "뚫다"류로 귀납하였고 그들의 사건구조, 논항구조, 격틀구조 및 특질구조에 대해 명확히 분석하였다. 남승호(2000)는 "한국어 이동동사의 논항구조와 사건구조"에서 이동동사의 논항구조의 유형과 사건구조에 대해 논의하였다. 그는 이동동사와 결합하는 논항의 유형에 따라 [행위주-착점/방향], [행위주-기점], [행위주-경로], [행위주-대상-착점/방향], [행위주-대상-기점], [행위주-대상] 등 6가지의 유형으로 귀납해냈다. 변정민(2001)은 "국어 인지동사

---

3) 김응모선생의 연구는 주로 낱말밭이론을 이용하여 구체적 어느 부류의 한국어동사에 대해 논의하였는데 그 다루는 대상인 동사는 국어생활에서 비교적 생소한 어휘를 대상으로 하였기에 우리의 연구(실용적차원)에 알맞지 않는나. 그리고 천기석선생의 연구는 주로 전통의미론의 차원에서 동사의 의미과 의미분류를 다루었기에 오늘날의 전산언어학의 연구요구에 알맞지 않았다. 오늘의 한국어학계에는 전산언어학적으로 또는 정보처리차원에서의 이 방면과 관련된 연구성과는 세종계획의 연구성과는 대표적이라고 여긴다.

연구"에서 인지동사를 "알다, 생각하다, 판단하다, 믿다"등 4가지로 나누고 그들의 통사적 특성과 의미적 특성을 고찰하였다. "전진류"동사(김응모, 1989 : 어문논집28집), "농업류"자동사(김응모, 1990 : 어문논집32집), "희망류"동사(김응모,1992 : 어문논집36집), "미각류"동사(정재윤, 1989 : 어문논집28집), "희망사상류"동사(정주리, 어문논집34집), "분리"동사(김춘기, 1989), "인용"동사(전영철, 1987), "대칭과 상호"류동사(양정석, 1996), 이동동사(홍재성, 1999), 대칭동사(김영희, 2002), 섭취동사(2001), 감각동사(정재운, 1989), 심리동사(김홍수, 1989) 등 연구도 이와 관련된 것이다.

이상 연구들은 정보처리의 차원이나 언어본체론의 차원에서 동사체계, 혹은 어느 구체적 동사 분류에 대해 분류하거나 통사의미적 분석을 시도하였다. 물론 이들 연구성과들은 연구방법적인 면이나 구체적인 연구결과들에서 본 연구에 큰 도움이 될 수 있다.

제 2 장 동사 의미결합관계 이론의 틀

제1절 언어학이론의 체계성과 조작성

20세기의 언어학이론의 발전 과정을 돌이켜 보면 우리는 언어학이 단순한 인문과학이 아님을 알 수 있다. 현대언어학이론이 자연과학의 연구 방법을 빌어 자연과학과의 접목을 시도했기 때문이다. 특히 Chomsky의 변형生成문법 이후의 언어학이론 연구는 더욱 그러하다. 현대언어학이론 연구의 최종 목표는 수학이나 컴퓨터 체계처럼 형식화된 도식형 표달체계를 구축하는 것으로 되어 있다. 이러한 체계는 전형적인 형식적 이론체계를 일컫는 것으로써 크게 두 가지의 측면으로 나누어 볼 수 있다. 하나는 공리성 체계이며 다른 하나는 이 체계의 조작가능성(操作可能性)이다. 앞서 말한 공리성 체계는 몇 개의 원시적 요소(primitives)들을 내포하고 있고 이러한 원시적 요소들에는 범주(category)개념, 자연 범주(natural class) 등이 있다. 마찬가지로 언어학에서의 "행위주, 수동주, 동사" 등과 같은 개념들도 모두 원시적 요소에 속하는 것이다. 자연언어로 자연언어를 기술하는 모순을 피하기 위해서 기술언어(meta-language)를 만들어내야 한다. 다른 과학과 비교할 때 언어연구에 있어 원시언어는 더욱 중요하다. 이런 원시언어 체계를 만들어 내려면 자연언어 체계에서 이미 존재하거나 잠재적인 초기적 개념을 사용할 수밖에 없다. 서양언어학이론은 현존 공리체계(수학, 논리 등)의 원시적 요소들을 광범위하게 차용하고 있다. 또 이런 원시적 요소를 확립한 기초에서 일련의 "연산(algorithms)" 규칙도 필요하다. 그리고 연산 규칙에 기초하여 "공리(axioms)"를 획득함으로써 비로소 완벽한 공리체계를 형성할 수 있는 것이다. 이 공리체계는 다른 공리 체계와 마찬가지로 자족성(自足性, self-evident)을 갖는다. 공리성이 강한 기존 문법체계로 생성문법, 구구조문법, 어휘－기능문법과 동사 연산의 형식을 취한 형식의미이론 등을 들 수 있다. 하지만 이러한 공리성을 가진 문법 체계들도 아직은 미완비 상태에 있다. 그래서 현대언어학 학자들은 더욱 완벽한 공리성 체계를 만들기 위해 원시적 요소들을 찾고 확립하는데 노력하고 있는 것이다. 조작가능성(操作可能性)은 이미 만든 문법이론 체계를 컴퓨터 프로그램처럼 데이터베이스화 하거나 가공처리할 수 있는 체계로 되는 것을 말한다. 다시 말하자면 공리성 체계라 함은 한정적 규칙의 집합이며 조작가능성은 데이터베이스를 이룰 수 있는 규칙의 형식화이다.

현대언어학이론이 만들려는 언어이론모형은 전형적인 모듈(module) 체계이다. 모든 모듈(module) 체계는 서로 독립적이면서도 상관된 하위 체계로 구성된 유기적 체계이다. 각 하위 체계 사이에는 입출력의 도출관계가 존재한다. 하위 체계는 전체 체계의 내부 모듈이다. 언어이론 모형을 구축하는 것은 언어 체계의 내부구조를 모듈식으로 확립하는 것으로 한 언어 체계 안에는 어떤 하위 체계들로 구성되어 있는가, 각 하위 체계의 임무와 작용이 무엇인가, 그들 사이의 연결 조건이 무엇인가, 각 하위 체계는 또 어떤 규칙들로 구성되어 있는가, 각 규칙들 사이의 관계가 어떤 것인가, 각 규칙의 사용 환경은 어떤 것들인가 등을 규명하는 것이다(도표 2-1).

도표 2-1 : 인지체계

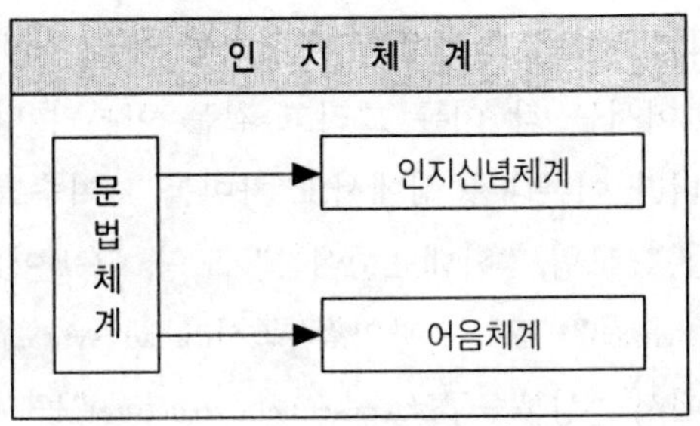

　문법체계의 임무는 인간언어에서 모든 가능한 문장을 형식화된 형태로
기술하는 것이며 모든 형식화 기술은 문법에 맞는 가능한 문장에 대한
형식화에 대한 기술이다. 언어학자들이 세운 내부 모듈은 큰 차이가 보인
다. 그러나 그들은 공통적으로 문법체계의 내부구조를 데이터베이스(Data-
base)와 조작체계 두 부분으로 나누어 설명한다(도표2-2).

도표 2-2 : 문법체계

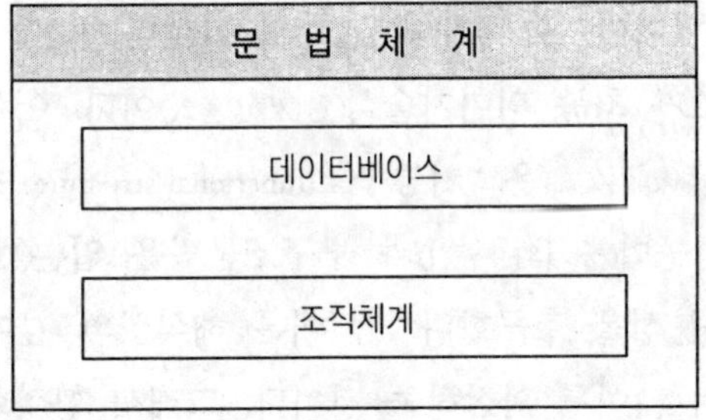

　현대언어학이론에는 데이트베이스는 어휘부(lexicon)라고 한다. 어휘부에
는 어휘항목(lexical items)이란 데이터 유형의 표지가 들어가 있다. 각 어휘
항목은 어음, 단어조성법, 통사, 의미 등 자질의 표지로 구성된 "집합"이
다. 어휘부의 어휘항목은 Frege의 이론에 근거하여 자질집합의 방법으로
기술하고자 한다. 동시에 자질집합은 각 어휘항목의 뜻의 유일성을 지키

는 것임으로 본 연구에서는 의미결합관계를 어휘부에 받아들여 어휘부의 어휘항목에 어휘범주정보, 통사정보, 의미정보 등을 기재하도록 한다.

조작부분에 있어서는 각 이론 그리고 같은 이론의 다른 시기는 술어 사용 상뿐만 아니라 이론내용 상에서도 차이를 보여주고 있다. 생성문법의 "통사구조이론" 모형, "확대표준이론" 모형, "GB이론" 모형에서 문법체계를 "통사(syntax)" 또는 "광의적 통사(broad syntax)"로 간주하였다. 어휘-기능문법에서 "성분-구조(constituent-structure)"는 생성문법의 표층구조(surfacr-structure)와 구구조문법에서의 "표층구조(surface-structure)"와 유사한 성격을 갖는데 어음부분과 연결 임무를 맡고 있을 뿐만 아니라 신념 화용체계에서의 의미해석을 제공하는 임무를 맡고 있다. 이에 비하여 생성문법에서는 단독적으로 어음체계와 연결되는 어음부분이 있고 동시에 신념화용체계와 연결하는 의미해석 체계도 있다. 통사의미 기술과 어음 기술은 서로 독립적이다. 그러나 생성문법, 구구조문법 그리고 어휘-기능문법 그들 사이에는 본질적인 차이가 있다. 그것은 생성문법에서의 어음부분과 병렬하는 표층구조 아래에는 논리식(Logical Form)이 있으므로 표층구조가 최종 의미기술식(意味記述式)이 아니다 라는 것이다. 구구조문법에는 표층구조가 최종 의미기술식(意味記述式)이다. 어휘-기능문법에서는 의미기술식(意味記述式)은 "기능구조(functional-structure, F-structure)"이라고 한다. 앞의 생성문법(중기와 후기)과 구구조문법은 입론(立論) 과정에서 우선 해석상의 충분성을 추구한다. 즉 이론 해석상의 깊이가 우선이고 그 다음에 기술상의 넓이를 확장하는 것이다. 그래서 형식화의 정도가 높아야 한다. 이에 반해서 어휘-기능문법은 "기술상의 충분성"을 비교적 중요시하고 심리적 현실성을 추구한다.

현대언어학 이론은 우선 문장이 합법적인가 하는 사실로부터 출발하여 문법체계가 전통 인지체계의 하위체계로서의 독립성을 확보하고 있는지를 정하고 나서 문법체계의 총 임무를 확정하게 된다. 문장이 주요한 연구대상이 되고 모든 연구가 이 문장을 중심으로 전개하여야 한다. 엄격하게 형식화되고 조작 가능성을 갖춘 체계를 실현하려면 기술(技術)상의 문제가 중심으로 떠오른다. 즉 유한 규칙들로 무한 합법적 문장의 구조기술식을 추출하는 것이다. 다시말하면 "유한 규칙들로 무한 문장을 생성한다"는 것이다.

우리는 문법체계의 모듈에서 언어의 특이점을 초월한 부분을 찾아 내여 조작체계의 원시적 구조기술식 즉 "심층구조" 로 삼아야 한다. 심층구조는 원시적인 연산 규칙으로 데이트형 어휘부에서 도출한 원시적 기술구조이다. 이러한 원시적 기술구조는 수량상 유한적이어야 한다. 그래야만 체계의 수출의 요구에 맞게 다른 유한한 연산 방식으로 무한한 구조기술식을 추출할 수가 있다.

원시적 연산과 중간 연산으로 하는 조작성 규칙들은 조건적이고 이러한 조건들은 어휘부에서 이미 정의한 자질표지와 구조식에 있는 각종 표지로 표시한다. 그러나 그중 일부 표지가 어휘부의 어휘항목에 나타나야 하는가 또는 원시적 구조기술식에 나타나야 하는가 아니면 최종 구조기술식에 나타나야 하는가 하는데서 관점은 달리함으로서 문법체계의 내부 모듈 구조가 달라진다. 예컨대, 구구조문법은 표현의 원시적 구조기술식을 조작 가능한 연산규칙으로 대체해야 한다고 주장한다. 그렇다면 원식적 구조기술식과 원식적 연산규칙은 모두 최종 구조기술식과 중간 연산규칙으로 변하게 된다.[4]

---

4) 이상은 주로 桂詩春、寧春岩(1997)을 참조.

제2절 한국어의 통사적 특성과 동사 중심론

2.1. 한국어의 통사적 특성

우선 언어유형론의 차원에서 한국어는 SOV형 언어에 속하며 동사가 문장 끝에 있기에 문말동사언어(Verb-final language)이다. 이 점에서 SVO형 언어인 영어와 한어(漢語)와 완전히 다르다.

(2.1)　　a. 그는 학생이다.
　　　　　b. 그는 교실에서 본문을 읽는다.
　　　　　c. 공원에는 꽃이 많다.

그 밖에 한국어는 교착어이어서 거의 모든 문법적 의의가 명사구 뒤에 붙어있는 조사와 동사구 뒤에 붙어 있는 어미로 실현된다. 물론 문법화된 일부 실사(實詞)도 문법기능을 담당할 수 있다(필옥덕, 1997).

(2.2)　　a. 그-는 학교-에서 영어-를 배우-고 있-다.
　　　　　b. N-는 N-에서 N-를 V-고 있-다

한국어에는 조사 체계가 방대하다.5) 한국어의 조사 체계는 크게 두 가지로 나누어진다. 하나는 격조사 체계인데 8가지로 나누어지고 있다. 다른 하나는 특수조사이다. 특수조사는 격조사에 대한 보충이라 할 수 있다. (2.2)에서 주어 "그는"은 인칭대명사 "그"와 특수조사 "-는"을 합하여 구성하고, 상황어 "학교에서"는 명사 "학교"와 처격조사 "-에서"를 합하여 구성하고, 목적어 "영어를"은 명사 "영어"와 대격조사 "-를"을

---

5) 물론 한국어 어미 체계도 방대하지만 본 연구는 주로 명사와 동사 사이의 의
　미격관계를 논하기 때문에 어미를 논하지 않기로 한다.

합하여 구성하고, 술어 "배우고 있다"는 동사어간 "배우-"와 연결어미 "-고", 보조동사 "있-", 그리고 문말어미 "-다"를 합하여 구성한다. 그 중에는 보조동사 "있다"가 허사화(문법화)되어 "-고 있다"의 형태로 "지속"의 문법적 의미를 나타낸다.

현대한국어의 격조사체계는 도표로 보이면 다음과 같다.

도표 2-3 : 한국어 격조사 체계

격 명 칭	격 형 태	
주격(nominative)	가/이, 께서	
대격(accusative)	를/을	
속격(genitive)	의	
처격(locative)	에	에서
	에게, 께, 한테, 더러[6]	에게서, 한테서
구격(instrumental)	로/으로, 로서/으로서, 로써/으로써	
공동격(comitative)	와/과	
보다(comparative)	보다	
호격(appellative)	아/야	

한국어의 격조사는 표층격[7]이고 동형이의(同形異義)현상이 돌출하다. 예를 들면 처격조사 "에" 같은 경우는 여러 가지 문법적 의미를 나타내고 있다.

    (2.3)   a. 도서관에 책이 많다.(장소)

            b. 그는 도서관에 갔다.(종점)

            c. 이 사람은 두려움에 떨고 있다.(원인)

---

6) 어떤 학자는 이들 격조사를 "여격(dative)"이라고 한다(이익섭/채완, 178 ; 선덕오, 89).

7) 김민수(1981)는 이를 감안하여 Fillmore의 심층격을 내면격이라 부른다.

하나의 문장 안에서는 명사구가 나타나는 문법적 의의가 일반적으로 그 뒤에 붙어 있는 조사로 실현되지만 한어는 어순으로 실현된다. 문장의 성분은 위치 상 비교적 자유롭지만 기본적으로 SOV순서이다. 즉 "주어＋목적어＋술어". 이것은 교착어의 특성과 관련되어 있다.

(2.4)　　a. 민호가 책을 읽는다.(주어－목적어－동사)
　　　　　b. 책을 민호가 읽는다.(목적어－주어－동사)

그러나 대화 환경에 따라 격조사가 생략될 수도 있다. 이때는 기본 순서대로 문장의 뜻이 이루어진다. 다시말하면 "NP－NP－VP"구조는 "주어＋목적어＋술어"로 해석된다. 그래서 이런 뜻에서 한국어의 SOV 어순은 중립적(neutral)이며 무표시적(unmarked)이다. 한국어의 기본 어순은 명사구의 문법적 기능으로 결정되지만 화용적 기능도 어순에 영향을 미친다. 예컨대, 주제화 현상은 이를 입증해 준다.[8]

(2.5)　　a. 영희는 수미에게 인형을 주었다.
　　　　　b. 수미(에게)는 영희가 인형을 주었다.
　　　　　c. 인형은 영희가 수미에게 주었다.

(2.5)에서는 문장 a의 주어는 영희인데 주제와 일치하고 문 맨 앞에 있다. 문장 b의 주제는 간접 목적어 "수미"이지만 주어는 "영희"이고 간접 목적어 앞에 이동한다. 문장 c의 주제는 직접 목적어 "인형"이지만 주어는 "영희"이고 직접 목적어 뒤에 이동한다.

한국어의 이러한 통사구문적 특성은 통사표현의 규칙성과 형식화 정도가 높음을 결정하고 있다. 그래서 통사를 거쳐 의미를 기술하는 기술 방

---

8) 이상 《한국의 언어》(이익섭) (p20-24, p159-185), 《국어문법론강의》(이익섭, 채완) (p160-198), 《국어통사연구》(김기혁) (p112-117), 《조선어문법기초》(선덕오)(p89-123), 《표준한국어문법》(이득춘) (p25-50)을 참고.

식을 취하는 것은 한국어 언어사실에 적합하다고 하겠다. 한국어 문장의 의미의 중심인 술어동사의 의미가 문장의 통사형식에 미친 영향은 주로 동사가 의미적으로 지배하는 명사(명사성분)9)의 격(格)실현에 반영해 주고 있다. 그것은 격범주 자체가 단어 사이의 연계와 관계에서 추상화해온 것이고 그 자체에 의의가 있기 때문이다.

그 밖에는 필자는 3000여 개의 동사에 대한 통계 분석을 통해 한국어 동사의 평균 의미항 수가 2.5임을 확인하였는데 이 수자는 영어보다 높다.10) 이는 한국어 동사의 다의어(multivocal) 현상11)이 비교적으로 강함을 말해주고 있다. 통계 분석의 결과를 보면 의미항이 많은 동사일 경우에는 의미항 수치가 20개나 된다. 예컨대 가다, 오다, 나다, 나오다, 나가다, 서다, 돌아가다, 돌아오다 등이다. 이들 동사는 사용빈도수가 높은 동사이다. 이들의 동사의 의미는 일반적으로 그와 공기(共起)하는 명사와 관련되어 있다. 예컨대, 동사 "가다"는 그와 공기하는 명사의 성질에 따라 동사의 의미가 달라진다.

> (2.6)　　a. 민기는 참고문헌을 찾으러 국회도서관에 갔다.
> 　　　　 b. 창수는 오래만에 동창들을 만나러 동창회에 갔다.
> 　　　　 c. 그는 대학원 진학을 이루고 군대에 갔다.

---

9) "명사성분"은 구문의 형성에 참여하는 문법적 기능을 고려하여 지칭하는 것이고 "성분명사"는 어휘적 측면에서 부르는 것으로 구분한다. 예를 들어 '그가 밥을 먹었다.'에서 명사성분은 '그가, 밥을'이고, "성분명사"는 '그, 밥'이 된다. 그리고 특정한 성분에 해당하는 전제가 없으면 '명사'라 하여 구분하기로 한다.

10) Collins 사전에는 43636개의 명사와 14190개의 동사가 수록되어 있는데 동사의 다의성 문제가 명사보다 돌출하다. Collins 사진에는 명사 의미항의 평균 수치가 1.74이고 동사 의미항의 평균 수치가 2.11이다.

11) 물론, 한국어에는 동형이의어(homograph)도 많이 존재하고 있다. 예컨대, "배"는 "船(ship)"의 뜻일 뿐만 아니라 "梨(pear)" 그리고 "肚子(bingy, 腹)"의 뜻이다. 동사 "묻다"는 "問(ask)"의 뜻일 뿐만 아니라 "埋(bury)"의 뜻이다.

 d. 그 계획은 실천 단계에 가서 흐지부지되고 말았다.
 e. 성희야, 영화구경을 갈래?
 f. 나는 철수한테 1만을 가겠어.
 g. 어느 틈엔가 둘 사이의 우정이 금에는 가고 있다.
 h. 영희는 서울로 시집을 갔다.
 i. 이번 일로 회사에 손해가 가지 않도록 하겠다.
 j. 나는 그의 행동에 납득이 안간다.

한국어 동사의 이러한 특성은 동사의 의미항을 구분하거나 의미분류하는데 가장 큰 어려운 점이 된다.

2.2. 동사 중심론

언어이해의 차원에서 하나의 문장을 이해할 때 먼저 그 문장에서 어느 성분이 지배적인 위치를 차지하고 있는가를 밝혀내는 것이 중요하다. 이 문제를 설명하기 위한 유명한 예문이 있다.

 (2.7)　a. Mickey talked to him.(믹키는 그에게 말한다.)

이 문장에서 Mickey 가 명사이고 주어로 되어있으며, talked 가 동사이고 술어로 되어 있다. 다 아는 바와 같이 영어에서 Mickey 는 사람의 이름으로 될 수도 있고 개나 고양이의 이름으로 될 수도 있다. 그러나 이 문장에 있어서 Mickey를 사람의 이름으로 인정하는 사람이 더 많을 것이다. 왜냐하면 talked 가 여기에서는 사람의 행동으로 되기 때문이다.

 (2.7)　b. Mickey barked at him.(믹키는 그에게 짖는다.)

이와 똑같이 문장에서는 Mickey가 개의 이름으로 쉽게 판단될 수 있

다. 그것은 Barked가 여기에서는 개의 행동으로 되기 때문이다. 따라서
주어가 술어를 지배하는 것이 아니라 술어가 문장에서 지배적인 위치를
차지하고 있는 것이다. 다시 말하여 하나의 문장에 있어서 사람의 경험을
반영하는 언어의 의미적 중심요소는 술어동사로서 이는 어떤 명사가 어
떤 관계로 수반되어 어떻게 규정되는가를 결정한다. 자연언어의 컴퓨터처
리에서도 문장 안의 지배적인 성분 즉 중심요소인 술어를 밝혀내고 다른
성분들이 이 술어와 어떤 관계를 맺고 있는가를 밝혀내는 것은 아주 중
요하다. 다음으로 영어의 예문에서와 같이 또한 동사술어의 예로 한국어
의 경우를 본다면 다음과 같다.

  (2.8) 그는 열쇠로 문을 열었다.

  이 문장에서 "열다"는 중심동사이고 "그"는 행동의 주체 "문"은 동작
이 미치는 대상 "열쇠"는 도구로 되어 있다.
  앞에서 분석한 바와 같이 하나의 문장에서 지배적 위치를 차지하고 있
는 성분은 술어동사이다.
  제1장에서 언급한 바와 같이 생성문법의 각 이론단계, 격문법, 의존문
법, 어휘−기능문법, Chafe문법 등 언어학파들은 통사의미관계를 핵심문
제로 삼고 있다. 이것은 어떤 언어학이론과 관계없이 문장구조에서의 각
언어단위 사이의 객관적으로 존재하는 통사, 의미관계를 외면하지 못하기
때문이다. 문장구조에서의 각 언어단위 사이에는 일정한 관계가 존재하고
있고 이러한 관계는 문장에서 동사를 중심으로 하는 통사의미관계에서
보여 지고 있다. 이렇게 객관적으로 존재하는 통사의미관계는 동사항목이
다른 어휘 항목(주로 명사구로 위주)을 지배하는데서 나타나는 것이라 하겠
다. 이것이 바로 수많은 문법학자들이 주장하는 "동사 중심론"의 관점이
다. Wallace L.Chafe는 "인간의 개념체계는 두 부분으로 구성되어 있다.
즉 동사 부분과 명사 부분이다. 이 두 부분 사이의 관계는 동사가 중심위

치에 자리잡고 명사는 주변에 처하고 있다. 그것은 어느 언어든지 모든 문장은 의미상 동사가 존재하기 때문이다. 그리고 동사의 성질은 문장의 기타 성분을 결정하는 것이다. 예컨대 문장안의 명사의 수량, 명사와 동사와의 관계, 이들 명사의 의미의 규정성 등을 결정해주고 있다.”라고 주장하고 있다(陸錦琳, 1980). Fillmore의 격문법은 술어동사가 개체 단어의 성질 혹은 사이의 관계를 표현해 주고 명제의 구조적 틀을 결정한다고 하고 있다. 즉 개체 단어의 위치는 술어동사가 개체 단어에 배치해 주는 “자리”에 불과하고 역시 명제구조에 들어가 있다고 말한다. Halliday의 체계기능문법은 타동사체계에 주목하는데 그 실질은 “과정”을 중심으로 하여 기타 두 가지의 의미적 표시성분인 참여자 각색과 환경 각색의 하위범주을 검정하는 것이다. Leech는 그의 ≪의미학≫에서 “술어동사는 변수(명사성분을 가리킴)의 수량과 성질을 결정해준다”고 말하고 있다. 항가문법은 술어동사가 문장의 중심점이고 동사가 일정한 수량의 빈자리를 내놓고 명사구, 전치사구, 부사구 심지어 동사구(to be)나 종속문이 차지하도록 함으로써 합법적인 문장을 형성한다는 것이라고 주장하고 있다. 술어동사가 기타 구성성분을 끄는 능력과 그에 대한 규정성은 바로 술어동사의 항가이라 할 수 있다. 항가문법의 “규정성(規定性)”은 의미적인 측면과 통사적 측면을 다 포함하고 있고 통사적 항가는 동사와 구성성분 사이의 의미적 의존관계의 간접적 사상(mapping)이다. 1980년대에 나온 “GB이론”과 후기의 “원칙과 변수이론(PP Approach)”에서도 역시 “술어동사는 문장의 핵심성분이고 문장의 기본구조는 술어동사가 통사적으로 투사한 결과로 간주할 수 있다”고 주장하고 있다. 저명한 심리학자인 Jonannes Engelkamp(1983)는 심리학적 차원에서 “문장의 뜻에 대한 이해는 동사의 어휘적 의미에 대한 상세한 기술과 수정으로 간주할 수 있다. …… 동사는 문장을 구성하는 기능을 갖는다. …… 어느 또는 얼마의 보족어 (보충한정사)가 동사의 전후에 나타나고 문장을 구성하는가 하는 것은 동사의 성질과 의미에 달려있다. 동사는 그 주변에 빈자리를 내어 놓고 기타 품사의 단어가 그 빈자리를 차지해야 한다."고 정리하고 있다.

2.3. 동사의 통사의미적 속성

하나 하나의 동사 어휘들은 그 분포적 형식을 기준으로 또는 그것이
가지는 의미적인 특질들을 기준으로 상호 연관을 이루고 있다. 다른 한면
으로 보면 문장의 통사구조적인 틀은 동사가 갖는 어휘구조 속에 내포되
어 있으며 이러한 통사구조적인 틀은 그 동사가 가지는 여러 가지 의미
적 특질로부터 도출된다고 볼 수 있다. 이 점에서 동사가 가지는 어휘구
조는 문장의 의미구조나 통사구조와 함수적인 대응 관계를 갖는다고 말
할 수 있다. 그러므로 문장의 통사구조나 의미구조를 알기 위해 그 문장
을 구성하고 있는 어휘들, 특히 동사가 가지는 통사적 특질과 의미적 특
질을 살펴야 함은 당연한 것이다. 어휘론(Lexicalism)에 따르면 이러한 어휘
들이 갖는 통사적인 특질, 의미적인 특질은 문법의 한 하위부문에서 다루
어지고 있다. 이 하위부문을 어휘부(lexicon)라고 부르는데 통사적 정보, 의
미적 정보 등은 어휘목록(lexical item)의 어휘기재항(lexical entry)에 포함되어
있다. 그 어휘의 발음에 관한 정보도 음운론적 구조로서 표시되어야 하지
만 그것은 이 연구의 고찰 대상이 아니다(양정석, 1995).

어휘부에는 어휘항목(lexical items)이라는 데이터 타입(Data type) 표지가
기재되어 있다. 어휘부는 언어에서 어휘항목의 목록과 집합이고 또 어휘
부에는 각 어휘항목의 특성이 기재되어 있다. 각 어휘항목은 어음, 단어
조성법, 통사, 의미 등 자질의 집합이다. 동사는 문장의 중심이고 동사의
어휘항목은 어휘부 연구의 중심이다. 동사의 통사의미적 속성(또는 자질,
feature)은 동사 어휘항목에 기재되어 있는 주요 내용이다.

동사의 통사의미적 속성은 주로 다음 내용을 포함하고 있다.

(1) 동사가 지배하는 의미성분의 수량

(2) 동사가 지배하는 의미성분의 성질

(3) 동사가 의미성분을 지배하는 방식

(4) 동사가 지배하는 의미성분의 통사적 기능

즉 하나 또는 한 부류의 동사가 몇 개의 의미성분 또 어떤 성질을 가진 의미성분을 지배할 수 있는가가 동사 자체의 속성이 된다. 바꾸어 말하면 동사와 지배받는 해당 의미성분 사이에 의존관계가 존재한다는 것이다. 동사는 지배받는 해당 의미성분의 수량과 성질을 결정하는 만큼 해당 의미성분의 수량과 성질은 동사의 통사의미적 속성을 나타내 준다. 이는 동사의 통사의미적 속성의 외적 표현이다. 연구자들은 동사의 모든 통사의미적 속성을 정리 종합하여 어휘부에 기재하려고 하는데 이는 "어휘부 위주, 문법 보조"의 사상을 보여주는 것이다.

동사 자체는 그에 지배받는 해당 의미성분을 포함하거나 규정해주고 있다. 다시말하면 일정한 수량의 의미성분과 일정한 동사 사이에는 의미관계상으로 의존관계가 존재하고 있다. 즉 한 부류의 동사가 일정한 수량과 성질을 갖는 의미성분을 지배하고 일정한 수량과 성질을 갖는 의미성분은 한 부류의 동사에 의존한다. 핵심성분인 동사든지 지배받는 해당 의미성분이든지 의미구조의 구성성분으로서 그들 사이의 의미관계는 바로 이러한 관계 속에서 존재하고 있는 것이지 고립적(孤立的)으로 어느 통사성분이 무슨 의미성분인가를 고찰하는 것은 불가능하다. 의미성분은 사실상 핵심성분인 동사와 기타 해당 의미성분 사이의 의미관계를 놓고 말하는 것이며 동사에 지배받는 것이다. 동사 어휘항목이 이러한 통사의미적 속성을 갖기 때문에 핵심성분인 동사를 잡으면 그와 관계되어 있는 각 의미성분과의 의미결합관계를 고찰할 수 있게 된다.

제3절 동사 의미결합관계 연구의 기본 사상

언어학 연구의 목표는 하나의 조작가능한 공리성 체계를 초보적으로 확립하는 것에 있다. 또 언어학자의 임무는 이러한 입출력이 가능한 언어 내부의 연산규칙을 알아내는 것이다. 이런 문장은 언어의 기본적 교제단위이기에 문장 내부의 규율을 탐구하여 문장의 뜻(의미)을 기술하는 것은 자연스럽게 현대 언어학 연구의 주요과제로 되고 있다.

언어 기술은 3가지의 관계에 대한 기술을 포함하고 있다.

1) **부호화(symbolization)관계** : 의미와 형식 사이의 관계, 의미(통합과 구조)관계와 형식(통합과 구조)관계 사이의 관계를 포함한다.

2) **통합(integration)관계** : 의미단위 사이의 관계, 형식단위 사이의 관계, 부호단위 사이의 관계를 포함한다.

3) **구성(composition)관계** : 의미구조와 성분 사이의 관계, 형식구조와 성분 사이의 관계, 부호구조와 성분 사이의 관계를 포함한다(Langacker, 1988 : 92-93). 의미단위와 형식단위 사이의 관계는 모든 부호단위가 포함하는 것이다. 그 어떤 부호도 의미만 있고 형식이 없는 것이 아니고 형식만 있고 의미가 없는 것이 아니다.

어떻게 문장의 의미를 기술하는가에 대해서 어떤 언어학자는 어느 특정한 방식으로 문장성분의 의미와 관련된 특수규칙(구성규칙 혹은 투사규칙)을 운용하여 전체 문장의 의미를 생성하는 방법을 시도한다. 그러나 어휘(단어)와 문장을 놓고 의미론적 문제를 토론하는 방법이 안된다는 것은 이미 증명된 사실이다. 사실 상 의미와 통사 사이의 관계를 간결하게 반영할 수 있는가 하는 것은 의미 기술을 평가하는 중요한 원칙 하나이다. 전통문법에서의 성분분석은 대비적 특성의 집합으로 의미를 기술하는데 단어의 의미는 분석이 가능하지만 문장의 의미를 다루기에는 역부족이다. 단어의 의미를 기술하는 것처럼 문장의 의미를 기술하려면 의미단위의 층위를 밝혀내야 한다(Leech, 1974).

본 연구는 주로 언어기술의 입장에서 한국어 문장의 의미단위 사이의 관계를 밝혀 내는데 목적을 두고 있다. 동사 중심론의 관점에 의하면 문장의 의미단위 사이의 관계는 동사의 의미결합관계가 주요한 내용이다.[12] 그래서 필자는 한국어 동사의 의미결합관계를 체계적으로 밝혀내고 한국어 문장의 이해와 생성과정을 설명하기 위해서 다음 제반 문제를 해결해야 한다고 본다.

   (1) 핵심문의 위계(경계) 문제 ;

   (2) 문장 기술의 층위 문제 ;

   (3) 의미역할의 감정 문제 ;

   (4) 동사 의미 분류 문제 ;

현대언어학이론에 대한 분석을 통해 필자는 아래와 같은 몇 가지 문제가 존재하고 있다고 본다.

   (1) 논항의 수량과 유형은 일치하지 못하고 임의적(任意的)이다.

   (2) 각 언어학파들은 동작동사가 구성하는 술어구조의 논항, 논항구조 그리고 그와 통사적 성분 사이의 대응관계를 중점적으로 연구해왔지만 다른 유형의 동사에 대해서는 거의 언급하지 못하고 있다. 그러나 수많은 언어에서는 동작동사 이외의 동사류가 존재하는 것이 분명하다. 그러므로 이런 이론적 연구 결과는 편면적이고 보편성이 없다.

   (3) 술어동사가 체계적으로 연구되지 못하고 있다. 그중 하나가 동사의 분류 연구를 하지 못하고 있다는 것이다. 하여 동사 부류에 의해 어느 언어종류의 의미구조의 유형체계와 의미역 체계를 구축할 수 없게 된다. 그뿐만 아니라 의미구조와 통사구조 사이의 대응관계를 밝혀내기 더욱 어

---

12) 물론 의미관계는 동사와 명사 사이의 의미관계 뿐만 아니라 명사 사이의 관계도 포함한다.

럽게 된다.

(4) 제출한 이론의 연구대상은 주로 영어인데 보편적 이론이라 하기 어렵고 다른 언어를 거쳐 검증받지 못한 가설 뿐이다. 그러므로 모든 언어에 적응하는 보편성이론을 내세우는 것보다는 우선 구체적 언어를 대상으로 해당 언어사실에 알맞는 이론연구를 하는 것은 바람직하다.

그래서 필자는 연구과정에서 현대언어학이론의 사상을 차용하고 그 정수(精髓)를 충분히 흡수하여 정보처리를 지향하는 한국어 통사의미지식 데이터베이스를 구축하는 입장에서 기술하고자 한다. 또 계통학적 관점과 언어기술의 차원에서 의미역 체계와 동사의 의미분류를 결합시켜서 통합적으로 고려해야 한다고 생각하며 최종 목표를 향해 핵심문의 술어구조를 돌파구로 하여 연구를 전개하는 연구의 기본 노선을 택했다.

도표로 보이면 다음과 같다.

도표2-4 : 의미결합관계 연구의 기본 노선

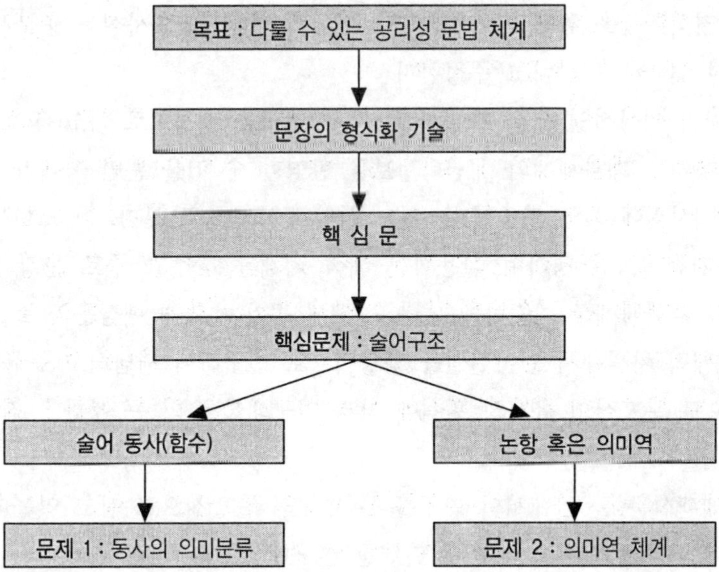

필자는 문장은 의미정보와 의미관계의 기반에서 아주 추상화된 형식으로 저장된 것이라고 본다. 의미정보는 의미자질과 속성계열에 관련된 정보이며 의미관계는 우선 동사와 명사성분 사이의 의미결합관계이다. 동사와 명사성분 사이의 이런 관계를 중심으로 두 가지 측면의 문제를 우선 연구해내야 한다고 본다. 하나는 동사에 의해 지배받는 명사성분의 성질이다. 예컨대, 항가(또는 논항)로서의 명사의 분류문제와 그 개념의 정의를 말한다. 또 하나는 일정한 수량과 일정한 유형의 명사를 지배하는 동사의 성질이다. 예컨대 동사에 따라 몇 개의 명사를 지배할 수 있는가, 지배받는 명사의 수량과 유형에 따라 동사 내부는 어떤 유형으로 나누어질 수 있는가, 그리고 동사류는 문장구조분석의 의미해석에 어떤 역할을 할 수 있는가 하는 것이다. 논항구조이론은 현대통사론과 의미론 연구에서 아주 중요한 위치를 차지하고 있는데 상술한 문제에 대해 엄격한 규칙추출과 해석에 역점을 두고 있지만 기술상의 충분성을 홀시하고 있는 것은 분명하다. 그래서 필자는 해석과 기술을 똑같이 중요시해야 하고 언어정보처리와 지식획득을 위해 언어기술의 차원에서 한국어언어사실을 충분히 관찰하여 연구해야 한다고 주장한다.

필자는 이상적인 기술 모듈이란 인지심리학을 배경으로 하고 정보처리를 지향하는 객관세계의 개념화정보를 반영할 수 있을 뿐만 아니라 구체적 언어사실에 의해 검증될 수 있는 실험적 모형으로 본다. 이 모형은 상호 연관적이고 투명하며 실용적인 해석 기제를 갖추고 주로 문장 성분 사이의 결합관계를 기술하게 된다. 그래서 필자는 확대 핵심문의 틀 안에서 통계적 차원에서 언어현실을 정량적으로 연구하며 귀납하고 분류하는 방법으로 분포상의 유사성 원칙에 따라 연구대상을 더 큰 부류로 집성하고자 한다.

확대핵심문 틀 안에서의 연구를 본 연구의 출발점으로 삼고 있는데 문제는 언어체계의 어느 계층의 단위를 연구대상으로 하는 문제이다. 정량연구(定量研究)는 양화 계산과 통계적인 방법으로 일정한 수량의 어휘에 대해 의미코드를 붙이는 것이다. 이 작업은 어휘 수량이 충분하고 격식이 있어야 하며 논항(의미역 수량)이 통일되어야 하고 형식이 상세하며 의미표시가 간결해야 한다. 그래야 가능한 간결한 정보기술 체계를 형성할 수 있고 연산가능한 정보처리 프로그램을 만들 수 있다.

문장(sentence)은 명제(proposition)와 양태(modality) 두 부분으로 구성한다. 즉 S→P+M. 명제는 객관적 정보를 포함하고 있으며 양태는 주관적 정보를 포함하고 있다. 양태는 시제, 상, 화법 등 현실과 직접관계를 가지는 주관적 정보를 포함하고 있지만 명제 즉 술어구조는 의미적 층위에서의 문장의 기본구조로서 현실과 직접 관계를 가지지 않는다(필옥덕, 1997). 본 연구는 문장의 명제부분을 대상으로 연구하고 양태부분은 이후 과제로 연구할 것이다. 논리적으로 볼 때 문장구조의 핵심(본질)은 술어구조이다. 술어구조는 술어동사와 논항 두 부분으로 분해되어 있다. 동사는 술어동사(predicator)의 구체적 실현이고 명사성분은 논항의 구체적 실현이다. 양자는 술어동사의 함수에 의해 의미적 연산관계를 이루고 연산을 거쳐 명제구조를 형성한 것은 바로 술어구조다.

본 연구의 기본 방향에 의하면 나머지 문제는 문장을 어떻게 정확하고 세밀하게 기술하는가 하는 것이다. 그래서 동사의 의미분류와 의미역 체계는 더욱 중요한 문제가 된다.

제4절 동사 의미결합관계의 본질

4.1. 동사관계와 동시구조

문장은 최대 문법단위이며 최소 교제단위이다. 이는 언어 연구에 있어서 가장 기본적이면서도 가장 충분한 또 충족한 조건을 모두 포함하고 있다. 기본적이라는 것은 언어표현에 요구되는 필수성을 가리키며 다른 언어부호계열로 대치할 수 없음을 말한다. 충분하다는 것은 언어표현에 필요한 내포성을 가리키며 그 중에는 모든 필수적 지정성분과 표현성분을 포함되어 있다는 의미다. 충족이라는 것은 문장 틀 안에서 비롯된 가설 혹은 이론이 비교적 강한 해석능력을 가진다는 것을 가리킨다. 언어는 하나의 개방적 체계이다. 언어의 규칙성과 비규칙성은 모두 문장의 틀 안에 반영되어 있으며 객관적 관찰과 실용적 검증을 받고 있다. 뿐만 아니라 문장의 틀 안에서만 언어체계의 탄력(彈力, elastic force)과 장력(張力, tensile force)이 충분히 표현될 수 있다.

언어의 선성부호서열(線性符號序列)에서는 단어와 단어가 보다 큰 문법단위로 구성될 때 상호간 서술, 지배, 수식, 규정 등 각종 관계를 형성한다. 이러한 관계는 통사관계이고 현성적 관계(顯性的 關係)[13]이다. 다시말하면 통사관계는 언어단위가 조성되는 과정에서 형성되어 있는 상호관련과 상호작용의 방식이다. 통사관계는 일정한 형식으로 나타나고 있고 통사관계의 조직형식은 바로 통사구조이다. 통사구조에서는 제한된 수량의 각 구성성분 사이의 구조방식을 귀납해낼 수 있다. 언어단위의 결합은 일정한 구조방식을 취해야 한다. 이러한 부동한 구조방식은 주어-술어 구조, 목적어-술어 구조, 규정어-중심어 구조 등이라고 일컫는다. 각 성분은 통사구조에서 주어, 목적어, 규정어, 술어이라고 불린다. 통사관계의 표현형식은 어형변화, 보조사와 어순 등 문법수단으로 실현될 수 있다. 한어(漢語)는 주로 어순인 문법 표현 수단으로 통사관계를 표현하지만 한국어는 주로 조사로 통사관계를 표현하는 것이다. 예컨대,

    (2.9)   a. 英哲打了英熙.
                b. 英熙打了英哲.

---

13) 통사관계는 현성적 관계이고 의미관계는 은성적 관계이다. 통사관계와 의미관계를 대비하여 말하는 것이다.

         c. 영철이가 영희를 때렸다.
         d. 영희를 영철이가 때렸다.

    예문 (2.9a)와 (2.9b)는 뜻이 전혀 다르다. 그러나 예문 (2.9c)와 (2.9d)는 어순이 각각 "영철-영희-때리다"와 "영희-영철이-때리다"인데 서로 다르지만 뜻에는 큰차이가 없다. 두 문장의 뜻은 "英哲打了英熙"로 해석된다. 한국어에서는 통사관계는 주로 조사로 나타나는데 상술 예문에서는 "-가/이"는 주어를, "-을/를"는 목적어를 각각 나타난다.14) 동사가 꼭 문장 끝에 와야 한다는 제약 이외에 다른 성분은 어순이 비교적 자유롭다.

    소쉬르의 관점에 따라, 문장의 표층에서는 횡적(橫的) 관계는 결합관계를 표시하고 종적(縱的) 관계는 계열관계를 표시한다. 결합관계는 주어-술어, 목적어-술어 등과 같은 부동한 통사관계를 추상화해 내고 계열관계는 명사, 동사와 같은 부동한 품사류를 추상화해 낸다. 같은 결합관계를 가지는 문장은 같은 통사구조를 가지는 것이다.

    (2.10) a. 그는 라디오를 샀다.
            b. 철수는 책을 좋아한다.
            c. 우리는 북경을 떠났다.
            d. 나는 동생을 때렸다.

    이상 네 개의 예문은 같은 통사구조를 가진다. 본문에서는 언급한 통사관계는 술어동사와 명사 사이의 통사관계를 한하여 연구하고 다른 관계, 예컨대 "그 친구/좋은 친구"와 같은 수식관계를 연구하지 않는다.

    필자는 통사구조가 심층통사구조15)와 표층통사구조로 나누어질 수 있다고 본다. 심층통사구조는 기본통사구조라 할 수 있고 추상적 문장으로

---

14) 앞의 "한국어의 통사적 특징"을 참조하기 바란다.
15) 홍재성(2000)은 이를 통사논항구조라 한다.

생성된다. 한 언어에 존재하는 기본통사구조의 유형은 제한적이다. 서술동사를 중심으로 통합되는 명사성분을 격표지만으로 표시하는 구문의 형식적인 모형을 뜻한다. 표층통사구조는 심층통사구조에서 화용론적 선택을 거쳐 변화해온 것이고 구체적 문장으로 생성된다.

> (2.11) a. 김 선생님이 학생들에게 수학을 강의하신다.
> b. 김 선생님은 학생들에게 수학을 강의하신다.
> c. 김 선생님께서 학생들에게 수학을 강의하신다.
> d. 김 선생님은 학생들에게도 수학을 강의하신다.
> e. 김 선생님은 학생들에게 수학도 강의하신다.

> (2.12) a. 그는 사과를 먹었다.
> b. 사과는 그가 먹었다.

예문(2.11)의 경우에는 서로 다른 언어환경에 따라 그 표현형식이 달라졌지만 기본 통사구조는 변화없이 여전히 "N0 N1−에게 N2−을 V"이다. 예문(2.12)의 경우에는 문장의 초점(focus)가 다르기에 부동한 통사적 표현형식이 나타나게 된다. 그런데 그 기본 통사구조는 여전히 "N0 N1−을 V"이다. 다시말하면 표층통사구조는 화용론적 차원에서 확대된 부동한 발화형식이라 할 수 있다.

동사 "끼여들다"는 "N0 N1−에 V"와 "N0 S−데에 V" 두 가지의 기본 통사구조형식이 있다. 그중에는 S는 문장을 나타내고 있다. 문장성분이 문장이면 대충 감지, 사유, 추상적 행위동사와 관련되어 있는데 문장이 문장성분으로 되는 것은 추상화된 표현이기 때문에 동사가 추상적인 것 같다. 예컨대,

> (2.13) a. 그는 이번 일에 끼여들지 않았다.
> b. 한국 전자는 이동 통신 사업에 뒤늦게 끼여들었다.

      c. 우리가 일하는 데에 끼여들 생각을 말아라.
      d. 명수가 영희와 내가 대화하는 데에 끼여들려고 했다.

4.2. 의미관계와 의미구조

세계는 일련의 사건들로 구성되어 있는데 매개의 사건은 동사가 기술하는 장면(sence)이다. 매개의 사건은 수많은 참여자와 관련이 있다. 이들 참여자는 사건에서 부동한 역할(role)을 담당하고 있다. 발화자가 사건을 보는 각도에 따라, 같은 사건에 대한 기술은 달라지며 사건의 참여자도 문장에서 실현되는 방식이 달라진다. 다시말하면 문장의 표현형식이 달라진다는 것이다. 사건은 객관적으로 존재하는 현상이다. 사건을 기반으로 하여 사건의 참여자의 의미적 유형을 점검하는 것은 객관현실성을 띠게 된다. 그러나 "투시역"을 거쳐 참여자의 의미적 유형을 점검하는 것은 발화구조의 영향을 받기 쉽고 객관적 현실세계를 떠나서 의미적 안정을 잃고 주관적 색채를 띠게 된다.[16)

술어동사의 의미적 내용을 감안할 때 술어동사는 동작행위를 나타낼 뿐만 아니라 사람과 사물을 사건의 참여자로 삼을 것을 요구한다. 이렇게 되면 이 사건을 형성하고 객관적 정보를 반영하게 된다 사건은 인물과 인물이 활동하는 장면으로 구성되어 있다. 그래서 인물과 장면으로 의미격관계(의미역 관계)를 개괄하고 제어하면 참여자의 의미 역할의 유형을 다 열거할 수 있고 서로간에 논리적 관련을 맺을 수도 있게 된다.

의미역은 바로 동사가 기술하는 장면의 참여자의 역할이다. 의미역의 정의에 있어서 부동한 학술적 관점에 따라 해석이 달라진다. 그러나 본질상에서 큰 차이가 없다고 할 수 있다. 언구자의 연구차원과 목적에 따라 의미역(θ-role)은 의미 역할(thematic role)의 준말이다. 의미역은 술어동사와

---

16) 본문 "제3장 의미역 체계의 구축"을 참조.

관계되는 주체, 객체, 동작이나 행위 또는 상태가 처하는 장소, 동작의 출발점, 종점, 원인, 유발된 결과, 도구 등을 나타낸다. 지금까지 인증받는 의미역은 행위주(agent), 경험주(experiencer), 수익자(benefactive), 대상(theme), 처소(location), 출발점(source), 종점(goal), 도구(instrument), 사역주(causer) 등이 있다. 이들 의미역과 동사 사이의 관계는 의미역 관계(thematic relation)라고 불리운다. 이러한 관계는 형식논리적인 술어(術語)로는 술어동사(predicate)와 논항(argument) 사이의 관계이다.

　모든 의미역들은 의미적 층위에서의 동사와 명사가 결합하는 과정에서 형성된 각종 의미결합관계이다. 하나의 문장이 하나의 사건을 표달한다면 문장의 동사는 하나의 동작이나 행위가 되고 그와 관계되는 명사성분 가운데 동작이나 행위의 시행자(施行者)를 필수로 하는데 양자는 "시행－동작" 의미관계를 이루게 된다. 이들 의미관계는 문장의 의미에서 추상화하여 개괄해낸 관계유형으로서 문법에서의 통사구조 관계와 혼동해서는 안 된다. 통사구조 관계는 일정한 외부 표현형식을 가지고 있지만 의미관계는 명확한 외부 표현형식을 표지로 가지고 있지 않는다. 그래서 의미관계는 통사구조 관계에 비하여 잠재적이고 은성적인 의미를 나타낸다. 의미역은 통사적 위치에 있는 명사성분의 의미자질에 대한 높은 개괄이고 의미자질의 집합이라 할 수 있다. 문장 내부에서 동사와 명사 사이의 관계는 의미결합관계 즉 의미관계이다.

　　　(2.14)　a. 그들은 밥을 먹었습니다.
　　　　　　　b. 우리는 적을 소멸하였다.
　　　　　　　c. 영희는 좋은 성적을 얻었다.
　　　　　　　d. 철수가 영희를 때렸다.

　상술한 예문들은 같은 의미결합관계를 가지고 있다. 종적 관계 상으로 볼 때 제1열인 "그들, 우리, 영희, 철수"는 의미상 "의지성을 띠는 주체가 어느 동작이나 행위를 시행한다", 즉 [＋시행]인 공유 의미자질을 띠고 있는데 그들의 의미역은 <행위주>이다.17) 제2열인 "밥, 적, 좋은 성적, 영희"는 의미상 "동작이나 행위의 작용대상", 즉 [+수동]인 의미자질을 띠고 있는데 그들의 의미역은 <수동자>이다. 횡적 관계 상으로 볼 때, "그들"과 "밥", "우리"와 "적", "영희"와 "좋은 성적", "철수"와 "영희"는 각각 "먹다", "소멸하다", "얻다", "때리다"와 의미상의 결합관계를 이루게 된다. 그러나 앞에서의 예문(2.10)에서는 4개의 문장은 같은 통사적 결합관계를 가지지만 의미적 결합관계가 완전히 같지 않다. 그 중에서 예문(2.10b)의 주어인 "철수"가 동사 "좋아하다"에 의해 부여받는 의미역은 <경험주>이지만 기타 문장의 주어가 부여받는 의미역은 <행위주>이다. 의미역은 통사적 성분과 마찬가지로 동태적인 것으로서 명사성분이 사건에서 어떤 의미역을 담당하는가, 혹은 어떤 의미역이 부여받는가 하는 것은 명확하지 못한다. 그러나 명사성분이 어떤 의미역을 담당할 수 있는가 하는 것은 명사성분 자체의 잠재적인 의미자질과 관련되어 있다.

> (2.15)　a. 그는 도서관에서 책을 읽고 있다.
> 　　　　 b. 그는 도서관을 만들고 있다.

예문(2.15)에시의 "도서관"은 도서내여 서비스를 제공하고 공부를 할 수 있는 건축물인데 그것이 동사 "읽다"로 구성된 사건에 들어가게 뇌면 다시말하면 동사 "읽다"의 의미격 틀 안에 들어가게 되면 [+공부장소]라는 의미자질이 사용되어(activitied) <장소>라는 의미역을 부여받게 된다. 그것이 동사 "만들다"로 구성된 사건에 들어가게 되면 다시말하면 동사 "만들다"의 의미격틀 안에 들어가게 되면 [+건축물]이라는 의미자질이 사용되어(activitied) <결과>라는 의미역을 부여받게 된다.

여기서 말하는 의미역은 명제 역할(propositional roles)인데 동사와 명사(혹

---

17) 본문에서는 부호 "[　]"로 의미자질을 표시하고 부호 "<　>"로 의미역을 표시한다.

은 靜詞)가 문장 틀 안에서 형성된 통사의미관계를 가리킨다. 이러한 의미관계는 인간이 사물들 사이의 각종 연계에 대한 인지(인식)을 기반으로 하는 것이다. 이러한 의미관계의 유형은 주체와 객체가 술어성 연계에 의해 확립되고 부동한 의미유형의 동사는 주체 위치와 객체의 위치에 해당하는 어휘가 담당하는 역할을 결정해주고 있다. 예컨대 "영철이가 영희를 때린다." "철이가 영희를 미워한다." "영철이가 북경에 있다." 등 3개의 문장에서는 주체 위치에 있는 "영철이"가 각각 <행위주>, <경험주>, <당사자>의 역할을 하고 있다. 이러한 역할은 의미적 역할인데 바로 의미역이다. 의미역은 문장의 통사구조가 심층에서 더욱 합리적인 해석을 갖게 한다. 본 논문의 이론체계에서 의미역은 언어정보처리를 지향하여 설립한 것이고 의미역 목록은 3가지 층위적 체계를 이룬다.

의미는 객관사물 사이의 관계를 반영하고 있다. 이러한 관계는 서로 다른 민족에 있어서 기본적으로 일치하다. 문장에서의 구성성분 사이의 의미관계는 층위적인데 일부 의미관계는 술어동사와 명사성분(논항) 사이의 타동(사)적 관계와 관련되어 있거나 시간, 처소, 도구 등 의미적 요소와 술어동사사이의 비타동(사)적 관계와만 관련되어 있다. 이러한 관계들은 통사적 의미관계인데 본문의 연구내용으로 되고 있다.[18] 이러한 의미

---

18) 통사론은 언어구조 사이의 관계를 연구하고 의미론는 언어구조 및 언어구조가 표시하는 객관사물 사이의 관계를 연구한다. 이는 광의적 의미라 하되 협의적 의미는 통사구조가 표시하는 의미, 즉 통사의미를 일컫는다. 본문에서 일반적으로 말하는 의미는 협의적 의미, 즉 통사의미를 가리킨다. 의미구조와 의미관계는 협의적 의미구조와 의미관계, 통사의미구조와 통사의미관계를 가리킨다. 다음 'ㄱ'와 'ㄴ' 안의 두 문장은 다 하나의 의미내용을 기술하고 있는데 그들의 통사의미관계가 완전히 다르고 부동한 통사의미구조를 가지고 있다.

ㄱ. a. 왕선생은 장선생에게서 책을 사왔다.
   b. 장선생은 왕선생에게 책을 팔았다.
ㄴ. a. 왕선생은 독신자이다.
   b. 왕선생은 결혼하지 않았다.

관계는 문장형식의 변화된 행열에서는 변하지 않는다. 통사관계의 조직형식은 통사구조이고 의미관계의 조직형식은 의미관계이다. 같은 통사구조관계는 부동한 통사구조를 생성할 수 있다.

> (2.16)　a. 영철이는 책을 좋아한다.
> 　　　　 b. 영철이가 책을 좋아한다.
> 　　　　 c. 영철이는 책은 좋아한다.
> 　　　　 d. 영철이는 책도 좋아한다.

　이상 예문들은 같은 의미구조인 "행위주+수동자+동사"를 갖고 있다.
　지난 20년 동안은 어휘의미론이 신속히 발전한 시기이다. 따라서 수많은 통사론이 보편적으로 인증하고 접수하는 가설의 출현을 부분적으로 유발시켰다. 바로 하나의 문장에서 문법성질의 여러 가지 특성은 동사(predicator)의 의미에 의해 결정된다는 것이다. 문장의 통사구조를 결정하는 면에서 어휘의미가 담당하는 역할은 논항이 통사적으로 표현하는 규칙성에서 포착된 것은 주목받는 증거이다. 특정한 의미역은 특정한 통사 표현과 관계를 맺고 있다. 영어에서는 행위주 의미역(agent semantic role)을 담당하는 논항은 대부분 문장의 주어형식으로 표현해준다. 한 논항의 의미역은 이 논항을 선택하는 동사의 의미가 결정하는 만큼 동사의 의미기 문장의 통사구조에서 결정적 요소로 되게 된다. 각이한 언어는 공동성도 있고 차이점(개체특성)도 있다. 그래서 특정된 한 언어를 연구할 때 그 언어의 특성을 감안하여야 한다. 영어에서는 "rain"가 0항동사이지만 한국어에서 "rain"의 뜻을 표현하려면 두 개의 어휘로 실현해야 한다. 즉 "비가 온다./비가 내린다."

　이상 두 문장 사이의 관계 그리고 객관사물 사이의 의미관계, 예컨대 "그의 사진"에서 '그'와 '사진' 사이의 의미 관계는 본문의 연구범위에 들어가지 않도록 한다.

4.3. 논항구조

이론언어학의 발전에 따라 어휘부에서의 어휘목록에 대한 통사적 의미 특질에 대해 언어학자들은 더욱더 깊은 인식을 갖게 되었다. Jackendoff(1990)과 Grimshaw(1990)을 비롯한 일부 언어학자들이 어휘부와 심층구조 사이에 존재하는 층위를 탐구하여 그 내부구조를 찾아내려고 시도하였다. 그리하여 논항구조에 대한 토론이 전개되었다. 때문에 논항구조(argument structure)는 최근 10년 이래 현대언어학이론 연구에서 나타난 새로운 과제라고 할 수 있다. 논항이란 개념은 거슬러 올라가면 60년대 Gruber(1965)과 Fillmore(1968)가 제출한 술어와 명사구 사이의 의미관계와 관련되어 있다. 논항이란 동사가 하위범주화하는 문법범주로서 동사로부터 의미역(thematic role)을 부여받는 명사구(NP)라 정의한다. 앞에서 지적한 바와 같이 의미역은 명제를 구성하는 요소의 하나인 명사구가 동사와 관련하여 갖게 되는 의미적인 역할을 말한다. 의미역이란 개념은 Chomsky가 주도하는 관할과 결속이론(GB) 그리고 원칙과 변수이론(The Principles and Parameters Approach)에 도입되어 그 두 개의 문법원칙인 의미역 기준(The Theta Criterion)과 투사원칙(Projection Principle)의 중요한 구성요소로 된다. 하위 범주화 자질(subcategorization feature, Chomsky 1965)도 동사의 다른 하나의 자질인데 이는 통사적 구조와 관련되어 있다. 하위 범주화 자질은 생성문법이론이 GB이론으로 발전해 나가는 과정에서 구구조규칙을 대체하였다. 그것은 이러한 규칙들이 어휘항목의 하위 범주화 특질 틀(frame)안에 표시될 수 있었기 때문이다. 한 동사의 하위 범주화 특질은 그가 어떠한 어휘범주를 선택하는가를 결정한다. 이러한 선택이 바로 범주선택(C-selection, 즉 category-selection) (Chomsky, 1986)이다.

GB이론에 따라 논항과 의미역은 서로 의미역 관계 기준(thematic relation criterion)을 준수한다. 즉 하나의 논항은 하나의 의미역을 부여하고 하나의 의미역은 하나의 논항을 담당한다. 이러한 일대일관계는 동사가 심층구조

(DS), 표층구조(SS) 그리고 논리형식(LF)에서 고정적인 논항과 의미역을 갖도록 하고 하나의 문장이 올바른 해석을 갖도록 한다. 하위 범주화 특질과 달리 동사가 의미역을 부여하는 것은 순수히 의미적인 것으로서 이러한 동사와 의미역 사이의 의미역관계는 인간의 동사가 반영하는 사건에 대한 개념화된 인식과정이다. 이는 동사와 사건참여자 역할 사이의 관계를 가리키기에 통사적이 아니다. 논항은 의미역을 가지는 명사구를 가리키며 동사와 그와 의미적 관계를 가지는 명사구의 수가 바로 이 동사가 가지는 논항의 수로서 예컨대 give는 행위자, 대상, 수익 등 세 개의 논항을 가지고 있다.

(2.17) a. *give V, Agent,* + *[___NP PP]*
                     [Patient Benefactive]

  이상 동사 give의 논항구조는 동사 give의 어휘범주를 표시해주고 있는데 X−바 이론에 의하면 V 아래 NP와 PP를 포함하고 있으며 그 아래에 해당 의미역을 표시해주고 있다. 행동주가 하위 범주화 특질 틀 밖에 쓰고 있는 것은 동사의 주어이고 보어가 아니기 때문이다. 문장에 주어가 필요한 것은 동사 자신의 속성이 아니라 구문 특질의 요구이다.
  도표로 보이면 다음과 같다.

(2.17) b.

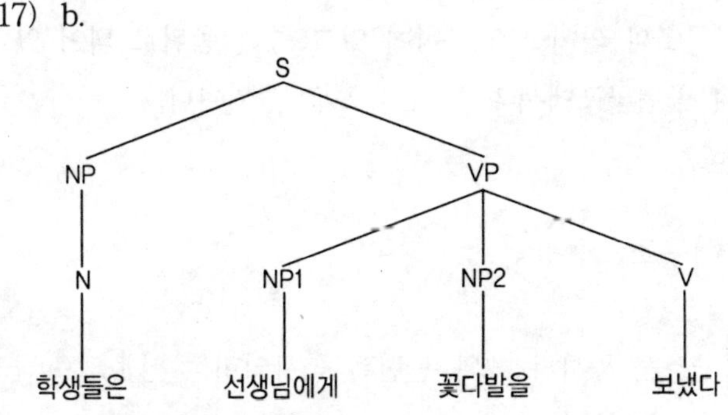

논항(argument)은 논리적 개념으로 의미와 문법 사이에 처해있는 것이 분명하다. 이는 단순한 문법적 성분성 개념이 아니고 단순한 의미적 성분성개념도 아니다. 문법적 개념(통사적 개념)에 의미적 내용을 더하는 것이다. 논항이란 개념을 통해 기준의 통사적 개념(예컨대, 주어, 목적어 등)으로 설명할 수 없는 언어사실을 설명할 수 있다. 다른 면에서 볼 때 논항은 순수한 의미적인 분석성 개념이 아니라는 점에서 의미적 개념을 문법화시키는 것으로 간주할 수도 있다. 그래서 논항은 문법과 의미 사이의 접구성분(interface)으로 간주하는 것이 비교적으로 타당하다고 말할 수 있다. 또한 구문성분 분석의 확대와 의미성분 분석의 추상임을 보여주고 있다. 논항은 동사술어의 지배를 받아야만 의미역을 부여된다. 논항은 문법적 표시인 문법격의 증감, 통사적 조작(syntax operation) 등 문법수단에 의해 그의 문법화 과정이 실현된다. 동사 "보다" 와 논항 "나"와 논항 "영화"의 경우에는 논항 "나"는 동사 "보다"에 의해 의미역 <행위주>를 부여받고, 논항 "영화"는 동사 "보다"에 의해 의미역 <수동자>를 부여받음으로써 의미구조 혹은 의미모듈인 "행위주＋수동자＋술어동사(Predicator)"이 형성된다. 범주선택과 의미선택을 거쳐 "나"는 표면격 표시인 "는"이 첨가되어 통사적으로 주어성분으로 되고 "영화"는 표면격 표시인 "를"이 첨가되어 통사적으로 목적어성분으로 됨으로써 통사구조인 "주어＋목적어＋술어"가 생성된다.

논항은 통사와 의미 사이의 접구성분(接口成分)이기 때문에 논항구조는 당연히 통사구조와 의미구조 사이에 있고 중간 층위로 되어 있다. 논항구조는 문장의 층위구조에서의 논리적 표달 층위이다.

4.4. 술어구조

통사의미구조는 동사와 그와 관련된 통사의미적 성분으로 구성되어 있다. 문장의 차원에서 한 통사의미구조는 실제로 문장의 명제구조이다. 통사의미구조는 통사적으로 볼 때 문장의 통사구조로 보이지만 의미적으로 볼 때는 이 문장의 의미구조라고 볼 수 있다. 통사의미구조는 술어동사를 중심으로 구성되어 있기에 논리적 차원에서 술어구조라 이름짓기로 한다. 술어구조는 통사의미구조의 핵심이고 한 문장의 의미구조의 기반이며 표층적 문장을 형성하는 기초이다. 술어구조는 통사적 층위에서는 동사를 술어로 하는 주술(통사)구조로 표현한다. 하나의 술어구조는 하나의 사건 혹은 명제를 구현하고 있다. 의미적 층위에서 가장 작은 술어구조는 통사적 층위에서 가장 작은 뜻은 자족(자족)한 주술구조(통사구조), 즉 핵심문으로 표현한다. 뜻을 자족한다는 것은 주술구조의 뜻이 꼭 완전해야 한다는 것을 말한다. 예컨대 동사 "보다"의 경우에는 "그가 본다"는 표면적으로 볼 때 주술구조의 문장이지만 나타내는 뜻이 완전하지 못한다. 그것은 목적어가 결여되어 있기 때문이다. "그가 영화를 본다"등 문장은 뜻이 자족한 문장이다. 만약 하나의 술어구조에는 지배성분도 있고 보충성분도 있으면 확대된 술어구조이다. 이러한 술어구조는 통사적 층위에서 확대 핵심문으로 표현하고 있다. 핵심문의 의미구조는 기본의미구조라 이름짓고 확대 핵심문의 의미구조는 확대 의미구조라 이름짓기로 한다. 술어구조는 동사항목과 가변항(可變項)으로 구성된다.[19] 가변항은 필수적 가변항과 선

---

19) 가변항은 논리적 개념으로 문장을 구성할 때 "명사성분"으로 된다. "명사성분"을 유형별로 나눌 때에는 그에 해당되는 특징을 표시하여 쓰기로 한다. 여기서 "명사성분"의 유형은 다음과 같이 분류되는 것으로 전제한다. 본문에서는 필수성분은 지배성분이라고, 수의성분은 설명성분이라고 이름짓는다.

<pre>
              ┌ 필수성분 ┌ 구조성분
  명사성분 ┤   └ 보충성분
              └ 수의성분 ─ 부차성분
</pre>

위에서 '구조성분'은 주어와 목적어를 말한다. Fillmore(1968 : 12)에서는 격형의 선택과 관계되는 통사관계에는 순수한 구성형태의(configurational) 통사관계와 명칭붙은(labeled) 관계가 있는데 전자는 주어, 목적어 등을 표시하고

택적 가변항으로 분류한다. 전자는 지배성분으로 후자는 설명성분으로 이름짓는다. 지배성분과 설명성분은 문장에서 각종 통사성분으로 표현하게 된다. 필수적 가변항은 동사의 동작이나 행위에 참여하고 선택적 가변항은 동작이나 행위가 발생하는 시간, 장소, 방식 등을 설명해준다. 만약 하나의 술어구조에 지배성분도 있고 설명성분도 있다면 확대 술어구조라 한다. 이는 통사적 층위에서 확대 핵심문으로 표현한다. 핵심문의 의미구조로 기본의미구조라 확대 핵심문의 의미구조는 확대의미구조라 이름짓기로 한다.

필자는 지배성분과 설명성분이란 개념은 상대적인 것으로 절대적인 것이 아니라고 본다. 즉 동적인 개념이지만 정적인 개념이 아니다. 하나의 의미성분은 지배성분이든지 설명성분이든지 하나의 구체적 동사에 있어

후자는 양태, 정도 등의 의미실현에 중점을 둔다고 했다. Givon.T.(1984 : 138)에서는 주어와 목적어를 화용론적 격역할(pragmatical case-role)이라고 하고, 주어를 1차적 절주제(primary clausal topic), 목적어를 2차적 절주제(secondary clausal topic)라 하여 다른 성분에 비해 특이한 것으로 보았다. 그리고 이것은 강영세(1986), 이광호(1988), 이남순(1987) 등에서 주격과 대격을 구조격으로 설정한 것과 관련된다.

'보충성분'은 주어와 목적어를 뺀 필수성분을 뜻한다. 따라서 보충성분은 남기심 외(1985 : 274-275)에서의 필수적 부사어에 해당되는데, 특별히 주어, 목적어와 대응시켜 부를 때는 '보충어'라 하기도 할 것이다.

'부차성분'은 필수성분에 대립되는 수의적인 명사성분을 충칭하여 부르는 것이다. Dik.S.(1978 : 26)에서는 이것을 주변항이라 하고, 이에 해당하는 것으로 manner, quality, instrument, beneficiary, comitative, time, duration, frequency, location, source, direction, path, circumstance, cause, reason, purpose, result 등을 들 수 있다. Givon.T.(1984 : 127)에서는 서술동사에 통합되는 명사성분을 좁은 서술영역(narrow predicate scope)과 넓은 서술영역(wide predicate scope)으로 나누는데, 후자가 부차성분에 속한다. 그리고 우형식(1994)에서는 필수성분과 부차성분의 구분에 소거(elimination) 대치(substitution), 대용어 시험 등을 제시하고 있다. 이 연구에서는 시간과 공간, 원인과 이유, 도구 또는 자격의 '에, 에서, 로'격 성분과 동반을 뜻하는 '와'격 성분 등이 부차성분에 속한 것으로 본다.

서 말하는 것이다.[20] 그래서 지배성분과 설명성분의 위계가 모호적이다.[21] 물론 "시간, 장소, 원인" 등 의미역을 설명성분으로 간주하는 것은 보편성이 있다. 대부분의 동사에 있어서 그들은 다 설명성분일 뿐이다.

술어구조에서의 동사 항목은 자신이 간단한 서술문에서 문장의 뜻을 나타낼 때 특수한 역할을 담당한다는 것을 가리킨다. 동사 항목은 비개념적 어휘이다. 동사 항목은 문법적 동사와 구별된다. 술어구조에서 동사 항목을 담당하는 성분은 주로 동사 또는 형용사이지만 동사와 형용사에만 한하지 않는다. 현대 논리학에서의 동사논리의 분석에 따라 한 문장의 의미는 핵심적인 동사 항목과 약간의 논항으로 표시하고 있다. 기호로 표기하면 $P(\sum X_i)$이다. 그중에는 P는 동사 항목, X는 논항, i는 논항의 계열 번호를 각각 표기한다. 하나의 동사 항목은 적어도 하나의 논항이 필요하다. 항가문법의 차원에서 1항동사[22]는 1개의 논항, 2항동사는 2개의 논항, 3항동사는 3개의 논항을 가지고 있다. 그들은 각각 $P(x1)$ $P(x1,x2)$和 $P(x1,x2,x3)$로 표기된다.[23]

(2.18)　a. 꽃이 아름답다.(1항) $P(x1)$
　　　　　b. 그는 앓고 있다.(1항)$P(x1)$

---

20) 예컨대, "그는 영철과 도서관에 갔다."와 "그는 영철과 싸우었다." 두 문장에서는 "영철"은 <수반>의미역을 담당하지만 윗문에 있어서 있어도 없어도 관계없는데 뒷문에 있어서 꼭 필요한 것이다.

21) 언어학적으로 "필수적인" 성분과 그렇지 않은 성분이 명확하게 구분되지 않는 경우도 있다. 최근의 논의에서는 이러한 이분법적 구분의 문제점을 지적하고 "정도성"의 문제로 설명하는 경우도 있다(송정근, 2001).

22) 여기서는 동사란 개념은 광의적동사의 뜻이고 형용사도 포함하고 있다.

23) "동사논리"와 관련된 자료는 ≪20세기중국언어학방법론(20世紀中國言語學方法論)≫(p268)참조하기를 바란다.

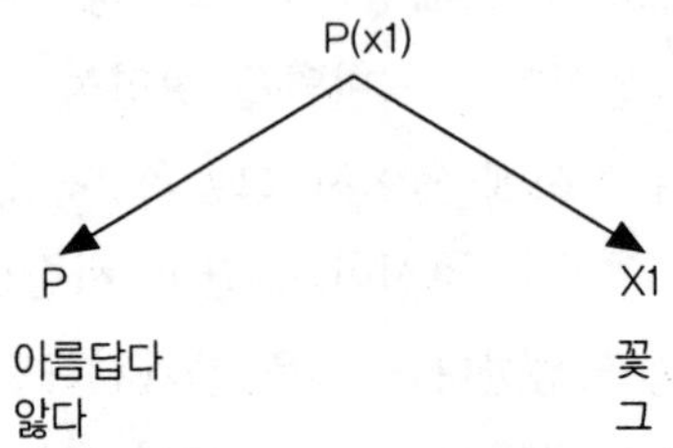

(2.19) a. 아버지는 아들을 때렸다.(2항)P(x1,x2)
        b. 어머니는 아들을 사랑한다.(2항)P(x1,x2)

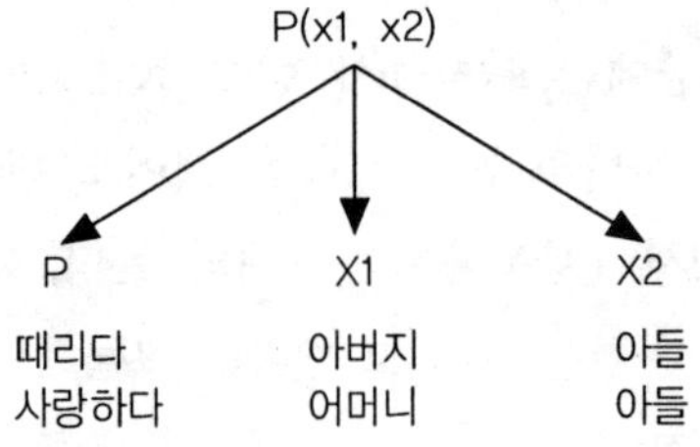

(2.20) a. 선생님은 학생들의 집에 다 편지를 써주었다.(3항)P(x1, x2,x3)
        b. 아이들은 선생님들께 꽃다발을 드렸다.(3항)P(x1,x2,x3)

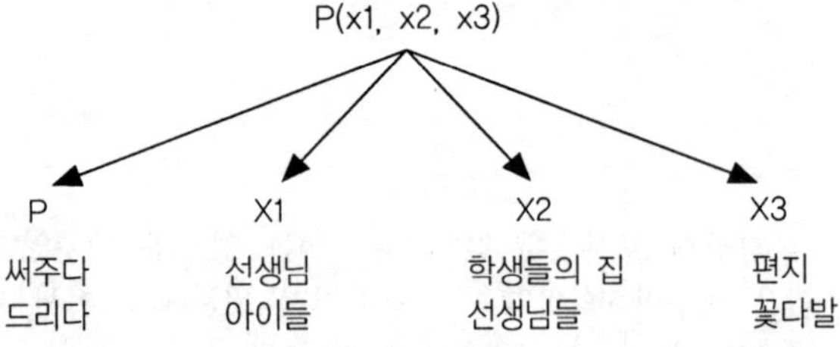

어떤 학자는 동사의 최대 항가는 7이라고 주장하지만 실제에 있어 동사가 연계하는 논항 수량의 많고 적음은 인간의 인지구조에 의해 제약된다 하고 할 수 있다.

논항과 동사 항목(혹은 동사) 사이의 행위, 수동과 같은 타동성 관계는 기본의미를 나타내고 시간, 처소와 같은 관계는 부가적 의미를 나타낸다. 시간, 처소와 같은 의미성분은 의미구조에서 필수로 하는 것이 아니기에 기본의미구조에 포함되지 않는다. 그러나 필자는 이런 비타동성 관계는 문장의 의미에 일정한 영향을 미칠 수 있다는 것을 부인하지 않는다. 의미구조는 일정한 통사적 형식으로 구현해야 하는데 부동한 의미성분은 표층구조에서 나타난 양상과 차지하는 통사적 위치가 일정한 차이를 보여준다. 그래서 통사의미분석을 술어구조인 논리의미구조에 한하여 분석해서는 안된다.

술어논리연산의 차원에서 문장의 의미는 $f(x1,x2,\cdots\cdots xn)$로 표시한다. 그 중에는 f는 술어동사함수, x는 논항, n는 논항의 계열을 각각 표시한다. 만약 논항을 행열로 기술하면 $x = \begin{matrix} x_{11} \\ x_{12} \\ x_{1m} \end{matrix}$로 된다. 행열의 요소는 논항명사의 의미자질로 설명된다.

그렇다면 문장의 의미는 다시 $f\begin{pmatrix} x_{11} & x_{21} & x_{n1} \\ x_{12} & x_{22} & x_{n2} \\ x_{1m} & x_{2m} & x_{nm} \end{pmatrix}$로 표시할 수 있다.

4.5. 의미자질

의미역은 동사가 부여(assign)하는 것인데 1항동사는 하나의 의미역, 2항동사는 두 개의 의미역, 3항동사는 세 개의 의미역을 부여한다. 의미역은 동사의 어휘의미적 특성이다. 이는 동사의 기타 어휘적 특성과 같이 어휘부의 어휘항목에 기재되어 있다. 동사의 다른 어휘적 특성인 하위 범주화 자질(subcategorization feature)은 통사구조와 관련되어 있다(Chomsky, 1965). 하위 범주화 자질은 변형생성문법이 GB이론으로 발전하는 과정에서 구구조규칙을 대체하였다. 그것은 구구조규칙들이 어휘항목의 하위 범주화 자질의 틀 안에서 밝혀질 수 있었기 때문이다. 하나의 동사의 어휘항목의 하위 범주화 자질은 어떤 품사가 그의 보어로 될 수 있는가를 결정한다.

이러한 선택은 범주선택(C-selection, category-selection)라고 한다(Chomskey, 1986). 동사 Kill의 하위 범주화 자질은 한 명사구가 그의 보어고 되는 것을 요구한다. 이 규칙에 어긋나면 비문이 생길 수 있다. 이 원칙은 바로 투사규칙(Projection Principle)이다. 다시말하면 어휘가 어휘항목에 첨가될 때는 하위 범주화 자질과 어울려야 한다. 명사구가 문장에 들어갈 때 범주선택을 거칠 뿐만 아니라 의미선택(S-selection, semantic selection)을 거쳐야 한다. 이상의 선택 과정은 논항의 의미자질에 의해 결정된다. 예컨대, 동사 kill가 그의 내부논항이 "생명체"란 의미자질을 지닐 것을 요구한다. 그렇지 않으면 비문이 생기게 된다. 예컨대, "The student killed the desk./그 학생은 책상을 죽이었다."가 비문이다. 그것은 이 문장이 객관현실에 어울리지 않기 때문이다. 동화나 수사학의 의인격의 경우를 제외하고 우의 예문은 틀린 것이고 인증받지 못한다. 만약 의미소분석으로 의미결합의 조건을 설명하면 좀더 확실하게 볼 수 있다.

(2.21)　NP　　　　　VP　　　　　NP　　　　　VP
　　　　[+생명체]　　kill/죽이다　　[−생명체]　　kill/죽이다
　　　　chicken/닭　 kill/죽이다　　desk/책상　　kill/죽이다
　　　　(정확한 결합)　　　　　　 (틀린 결합)

　의미자질은 논항의 속성으로 한 부류의 어휘와 한 부류의 객관사물 사이의 관계를 반영하고 있을 뿐만 아니라 한 부류의 어휘와 다른 한 부류의 어휘 사이의 배합관계를 반영하고 있다. 의미자질은 어휘배합을 할 때 의미상에서 선택적 제약을 하여 만들어낸 문장이 합법적이고 의미적 결합조건에 어울리도록 보장해준다.

　본문은 통사구조를 통해 의미구조와 동사의 의미유형을 추출한다는 기술노선을 취하기도 한다. 만약 의미역의 구분은 세분화하면 동사의 어휘부에 대한 기술은 상세해 진다. 반면에 이렇게 하면 의미해석력이 약화된

다. 자연언어이해의 차원에서 기존 의미구조가 문장의 뜻을 완전하게 구분하여 해석할 수 없을 때 의미자질의 작용이 드러나게 된다. 사실상 의미역은 바로 의미자질의 집합이다. 동사 "사다"의 경우에는 그의 기본 의미구조가 "행위주＋수동자"인데 <수동자>란 의미역할을 담당하는 명사가 "술"이나 "욕/미움"일 때24)동사의 의미가 전이되어 다른 의미항으로 된다. 이때 동사의 의미가 각각 "턱내다"와 "초래하다"의 뜻이다.

예하면, 동사 "가꾸다"는 두 개의 의미항을 가지고 있다.

(2.22) a. 아바이는 논밭을 가꾸고 있다.
b. 철수는 장미꽃을 가꾸고 있다.
(2.23) a. 미란이는 얼굴을 예쁘게 가꾸니까 전혀 다른 사람처럼 보인다.
b. 영희는 몸매를 가꾸려고 아침마다 체조를 열심히 한다.

<수동자>란 의미역을 담당하는 어휘의 의미자질은 "야채, 꽃"혹은 "논, 밭"일 때, "收拾"의 뜻으로 되고 "신체일부(얼굴, 몸매, 머리)"일 때, "단장하다/打扮"의 뜻으로 된다.

제5절 통사구조와 의미구조 사이의 대응관계

전통문법에서 의미로 품사와 그의 통사적 기능을 분석하는 것은 일정한 한계를 가지고 있다. 그것은 의미가 의뢰하는 것이 상식적 개념이기 때문에 경험적 효율성과 조작성이 결여됨은 불가피하나. 전통문법에서의

---

24) 본문에서 명사의 의미자질은 21세기 세종계획이 세운 "명사 의미분류체계"를 의거한다.

연구는 문장성분의 구분과 문장유형의 귀납을 목적으로 한다. 그러므로 전통문법에서 언급되는 의미층위는 제한적이었다. 뿐만 아니라 최근 문법 연구가 심화되어 감에 따라 특히 인간과 기계 간의 대화나 기계번역 등 자연언어처리의 목적을 실현하기 위해 문법은 각 어휘 사이의 현실적이고 잠재적인 결합관계를 기술해야 할 뿐만 아니라 언어에서의 보다 큰 각 모듈 사이의 결합관계를 기술해야 한다. 이 목적을 달성하기 위해서 새로운 방법의 모색이 시급하다. 즉 표층적 의미로부터 심층에 있는 각 층위의 의미결합의 규칙을 밝혀내야 하고 그들과 통사적 특징 사이의 관계를 기술해야 한다.

물론 의미를 착안점으로 하는 것과 의미를 통사적 해석의 기점으로 하는 것을 강조하는 것은 형식의 검증이 필요없다는 것을 뜻하지는 않는다. 반대로 형식의 검증성을 충분히 인정해 주어야 의미해석의 신비성을 보장할 수 있을 것이다. 모든 문법학파들에 있어서 의미는 불가피한 중요한 화제가 되고 있다. 의미를 이용해야 각 언어단위의 내포의미와 통사적 특징 사이의 관계를 기술할 수 있기 때문이며 또 의미연구를 통해 언어에 대한 해석능력을 높일 수 있기 때문이다.

문장은 어떻게 생성되는가 하는 문제, 의미구조가 어떻게 통사구조로 투사하는가 하는 문제는 줄곧 언어학자들의 주목을 받고 있는 핵심문제이다. 이에 대해서 부동한 문법 이론가들은 다양한 가설을 제출하였다. 의미구조가 어떻게 통사구조로 투사되는가 하는 문제는 본질적으로 의미구조의 각 의미성분에 통사적 기능을 부여하거나 통사적 위치를 분배하는 문제이다.

제1장에서 언급한 것과 같이 Chomsky의 변형생성문법의 제1언어모형 이론에서는 의미가 문법에서 아무런 지위가 없었다. 표준이론 시기에 들어서야 의미 문제를 고려하게 되었다. 뿐만 아니라 어휘부를 통사부문의 기초부분에 포함시켰고 어휘부의 어휘항목은 일정한 통사적 특성, 의미적 특성과 음운적 특성으로 구성되어 있다고 주장했다. GB이론 시기에 이르

러 어휘부는 규칙체계에서 중요한 위치를 잡게 되었고 원칙과 변수이론
에서는 의미역이론을 이용하여 각 어휘 사이의 의미역관계를 연구하게
되었으며 어휘부의 동사 항목의 어휘의미가 논항의 수량과 논항의 의미
역을 결정하고 논항은 X－바 규칙에 의해 “D－구조”에서 구현되고 “S－
구조”와 “LF구조”까지 유지되면서 격부여 규칙에 의해 명사의 통사관계
가 결정된다고 주장하고 있다. GB이론이 원칙과 변수이론에 발전하는 과
정에서 어휘부의 지위가 높아졌고 어휘부와 연산체계는 언어 또는 언어
능력을 구성한다. 20세기 90년대의 “최소주의이론”에서는 “D－구조”와
“S－구조”를 취소하고 표달식(respensation)은 연산체계에 의해 현성적 통사
수단을 통해 “어휘부”에서 추출된다. 하위 범주화 자질, 의미역관계, 논항
구조 등 개념은 어휘부에 압축되었다. 그래서 어휘부에 대한 깊은 연구가
더욱 중요한 의미를 지니게 되었다. 생성문법은 비록 보편문법의 확립에
감안하지만 영어로부터 출발한 것이기에 그 결론과 연산체계는 보편성을
가질 수 있는지 다시 검증받아야 한다고 본다. 동시에 생성문법은 부단히
수정되어 왔다는 것은 이 이론이 하나의 가설임을 설명해주고 있다. 어휘
부의 어휘항목은 개별 언어의 특이한 특성의 주요 표현이며 논항은 동사
항목의 통사의미론적 특성과 서로 의존한다. 때문에 부동한 언어에 있어
서 동사의 통사의미론적 특성의 복잡성과 차이성으로 인하여 논항의 수
량과 의미성질 그리고 통사론적 기능이 완전히 같지 않는 것은 이해가
쉬운 사실이다.

어휘기능문법(Lexical-Functional Grammar)과 후기의 “어휘투사이론”(The
Lexical Mapping Theory)은 논항과 그 자신의 통사적 기능 사이의 대응관계
를 밝히기 위해서 나타난 것이고 의미성분은 어떻게 통사성분으로 투사
하는 규칙을 탐구하는데 목적을 두고 있다. “어휘투사이론”은 세 개의 원
칙이 있다. 즉 고유 역할 분류 원칙, 어휘 조작 원칙과 디폴트(default)역할
원칙이다. 이 이론은 세 개의 원칙과 두 개의 합격조건을 이용하여 의미
역과 그의 통사적 기능을 대응시킬 수 있다고 주장한다. 그러나 어휘 조

작이 해결하는 문제와 특수한 디폴트(default)처리하는 것은 특수한 언어현상일 뿐 어휘기능투사원칙에 직접 상용되지는 말아야 한다.

Jackendoff(1990)가 창립한 개념의미론은 개념구조의 형식을 통해 어휘항목과 통사적 성분의 의미를 기술하는데 목적을 두고 있다. 개념구조는 의미기능(semantic function)과 논항(agrument)으로 구성되어 있고 논항연결(argument linking)로 통사적 성분과 개념논항(conceptual argument) 사이의 대응관계를 기술한다. 논항연결 원칙은 의미역 격자에 기초한 것으로서 통사적 성분들을 주어, 제1목적어, 제2목적어의 순서로 나열하는 동시에 개념논항들을 의미역 격자의 순서대로 나열하여 나열된 통사적 성분과 개념 논항들을 높은데서 낮은데로 대응시키는 것이다.

행위주
수동자/수혜자   주어
객체   제1보어
기점/종점/관계보어   제2보어
식별종점/관계보어

인지문법은 전형적인 사건이나 활동에 있어서 의지성을 지닌 동작의 시행자가 반드시 있고 이 시행자가 동작을 거쳐 어느 대상에 작용하거나 어느 결과를 낳고 "행위주＋동작＋수동자"와 "행위주＋동작＋결과"란 모형이 형성되어 인간이 사건이나 활동을 인식하는 이상적인 모형으로 된다고 주장하고 있다. 때문에 인지적 차원에서 볼 때 행위주와 주어, 수동자 또는 결과와 목적어 사이에는 자연적인 연계가 있다. 주어는 행위주와, 목적어는 수동자 또는 결과와 대응되어 무표기적이다. 다시말하면 행위주가 주어로 부여되고 수동자와 결과가 목적어로 부여되는 것은 심각한 인지적 기반에서 진행된 것이다.

이상의 분석을 통해 통사구조와 의미구조 사이의 대응관계는 문법학자들과 각 문법학파들이 관심을 가지는 핵심적인 문제임을 알 수 있다. 통사구조와 의미구조의 대응관계는 동사와 문장 속의 각 의미성분 사이의 관계와 밀접하게 연계되어 있다. 통사와 의미는 어떻게 대응되는가 하는 문제는 마찬가지로 자연언어이해 연구에서 반드시 해결해야 할 문제이다. 의미는 반드시 통사가 선택할 수 있는 표현방식을 제약하고 반대로 통사는 반드시 의미가 결정하는 내용을 여실히 반영해야 한다. 그렇지 않으면 언어교제의 목적은 이루어질 수 없게 되는데 이를 의미의 결정성이라 한다. 동시에 의미는 통사의 코드규칙에 복종해야 통사적 형식으로 자신의 내용을 정확히 표현할 수 있게 된다. 그렇지 않으면 정보교류가 이루어질 수도 없게 되는데 이를 통사의 강제성이라고 한다.

　문장의 형식은 문법규칙과 의미규칙 양쪽에서의 제약을 받고 있다. 이 두 가지 제약은 통사구조의 구성성분 사이의 주어−술어관계, 술어−목적어관계 등과 같은 통사구조적 관계, 그리고 동작과 행위주, 수동자, 도구, 시간, 장소 사이의 통사의미적 관계로 구현되고 있다. 통사구조와 통사의미구조는 어휘가 결합하여 문장으로 형성하는 과정에서 형성된 것이다. 성분과 성분 사이의 결합을 떠나면 통사구조와 통사의미구조는 존재하지 못한다. 언어사용과정에서 어떤 의미도 일정한 형식을 차용하여 구현해야 하는데 통사적 의미도 예외가 아니다.

　오랜 시간의 구조주의 영향 때문에 언어분석은 형식적 분석이고 의미분석은 최종적으로 형식 상의 검증에 의거해야 한다는 관점이 보편적이다. 그러나 의미구조와 통사구조는 일대일의 대응 관계가 아니기에 모든 의미분석은 형식 상에서 다 검증받을 수 있는 것이 아니다. 이전의 문법분석 특히 품사분류에서 진퇴양난의 어려움에 빠진 원인도 바로 여기에 있다. 하위범주 분석은 품사에 대한 재 분류 과정으로 표층의 형식적 표지의 성질을 잃게 된다. 그러나 의미적 성질은 하위 범주의 확립과정에서 더욱 표면화 된다. 이것은 다음 세 가지 면에서 검토할 수 있다. 첫째는 의미지향(oriented)은 복수와 단수명사에 대해 분류할 수 있다. 둘째는 중의성현상은 독립적 의미해석이 있다. 셋째는 의미소분석에 의해 어휘결합 과정에서 하위범주가 발견될 수 있다. 여기서 필자는 언어표현의 근본적 목적은 의미를 표현하는 것이지 형식을 표현하는 것은 아님을 말하고 싶다.

의미구조와 통사구조 사이의 대응관계는 간단한 일대일관계가 아니라 한 통사구조는 여러 가지 의미관계를 표현할 수 있고 반대로 한 의미구조는 여러 가지의 통사구조로 표현할 수도 있다. 통사구조와 의미구조는 같은 것이 아니고 형식과 의미 사이의 관계인 것이다. 朱德熙(1985 : 80)는 "문법연구는 형식과 의미를 결합하여 해야한다." "형식을 논할 때 의미상의 검증을 받을 수 있도록 하고 의미를 논할 때 형식상의 검증을 받을 수 있도록 해야 한다." "또 양자가 모순이 생길 때 과학적인 해석을 통해 탐구해야 한다."라고 적고 있다. 문법연구의 주요 임무는 문법형식과 문법의미 사이의 대응관계를 연구하는 것이다(范曉, 1996). 술어구조에서 논항이 어떤 역할을 담당하는가는 통사의미에 근거해야 한다. 다시말하면 단순한 통사관계는 성분 사이의 논리적 의미관계를 반영할 수 없다는 것이다. 논항구조는 통사의미를 구현하는 매체형식언어라 말할 수 있다. 자연언어를 분석하고 이해하는 것은 표달식에서 논리식을 자동적으로 추출하는 것이고 자연언어를 종합하고 생성하는 것은 논리식에서 통사적 형식을 자동적으로 추출하는 것이다. 도표 2-5)는 통사구조, 논항구조와 의미구조 사이의 관계를 간략히 보여주고 있다. 물론 세 구조는 일대일관계가 아니다.

도표2-5 : 문장구조의 층위들 사이의 관계

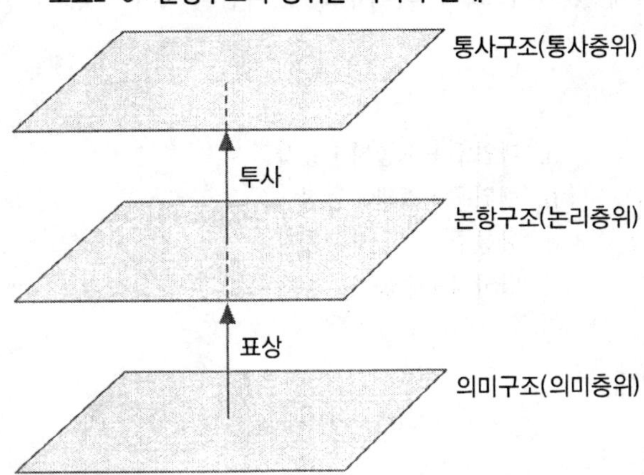

통사는 동적인 것이다. 통사는 의미에 기초해야 하고 한 문장의 통사 성분은 동사와 관계되어 있는 의미역할의 범주를 넘어서서는 안된다. 의미역은 잠재적인 가능성이고 통사구조에서 완전하게 실현될 수 있는 것이 아니다. 예문(2.24b)에서 <행위주>와 <수동자>는 통사적으로 표현되지 않는다는 점을 찾아 볼 수 있다. 의미구조는 통사에 비해 상대적으로 정적인 것으로 그 특성은 고정불변한 논항과 의미역을 가지는데 있다. 의미구조가 동사구소로 전환될 때 특수한 전환규칙과 대응규칙이 적용되이야 한다.

   (2.24) a. 너는 밥 먹었나?
              b. 먹었다.
              c. 영철이는?
              d. 몰라.

하나의 의미구조는 여러 개의 통사구조(예문(2.11), (2.12), (2.24))로 표현될 수 있는 반면에는 하나의 통사구조(심층적이나 표층적 망라함)는 여러 개 의미구조와 대응되어 있다. 기본 통사구조인 "N0 N1-를 V(주어+목적어

+술어)"에 있어서 그의 의미구조는 다음과 같은 몇 가지 모듈로 정리할 수 있다.

> a. 행위주＋수동자＋동작
> b. 행위주＋결과＋동작
> c. 경험주＋수동자＋동작
> d. 당사자＋수동자＋동작

예컨대,

> (2.25) a. 그는 유리창을 깨뜨렸다.
> b. 그는 소설을 써냈다.
> c. 그는 어머님을 사랑한다.
> d. 그는 돈을 잃었다.

의미구조는 통사구조로 투사되는 과정에서 우선 자체의 논리적 형식인 논항구조를 거쳐 논리연산에 의해 심층통사구조를 생성하고 언어환경에 따라 화용론적 선택을 거쳐 부동한 표층구조인 표층통사구조를 구현되게 되는데 예문(2.11), (2.12)은 이를 잘 보여주고 있다. 의미구조가 심층통사구조를 거쳐 표층통사구조 즉 일반적인 의미상의 통사구조로 투사될 때 일부 성분이 생략될 수 있다. 그것은 통사표현이 간결해야 하고 같은 어휘표현의 반복을 피하기 위한 것이다. 통사적으로 생략될 수 있는 것에는 논리적 주어, 논리적 목적어 심지어 술어까지도 생략 가능하다. 예문 (2.24)은 이점을 잘 설명해 줄 수 있다. 심층의미구조는 표층통사구조의 부동한 변환행렬 속에서 추상화하여 생성할 수 있으며 더 나아가서 심층적인 의미구조가 추출된다. 이를 통해서 동사와 기타 의미성분 사이의 결합관계를 알아볼 수 있다. 표층통사구조의 부동한 변환행렬 속에서 의미관계는 아무런 변화가 생기지 않는다.

이상 논술을 간략해보면 다음과 같은 도표로 설명할 수 있다.

도표2-6 : 각 구조 사이의 관계

표상	연산	투사
의미구조 ——— 논항구조 ——— 심층통사구조 ——— 표층통사구조
(심층통사조작) (표층통사조작, 화행조작)

동사 "읽다"를 중심으로 "나"와 "교실" 그리고 "책"을 참여자로 하여 구성되는 사건일 경우에는 의미구조, 논항구조, 심층통사구조와 표층통사구조는 다음과 같다.

(2.26) a. 행위자＋장소＋수동＋동사
  b. *V, agent [_N1,   _N2]*
             location   patient
     함수 : f(x1,x2,x3)
  c. 나-는 교실-에서 책-을 읽-는다.
  d. 나-도 교실-에서 책-을 읽-는다.
     책-은 내-가 교실-에서 읽-는다.

이상의 분석을 통히여 필자는 다음과 같이 주상한다. Chomsky가 심층구조와 표층구조란 개념을 제출한 것은 혁명적인 개념의 전환으로 그 후로부터 문장구조와 문장구조의 기술층위에 대한 탐구는 이를 기초하여 전개되었다. 또 이런 개념을 바탕으로 관찰과 연구의 시각에 따라 다른 개념을 제출하였다. 표층구조는 통사구조와 대응되고 심층구조는 의미구조와 대응한다. Chomsky의 의미표달식은 의미구조에 대하 형식적인 기술일 뿐이고 인지언어학의 개념구조는 인지적 차원에서의 개념으로서 의미구조와 대응된다. 필자는 한국어의 언어사실을 감안하여 통사구조가 심층통사구조25)와 표층통사구조로 나누어질 수 있다고 본다. 심층통사구조는 기본통사구조라 할 수 있고 추상적 문장으로 생성된다. 표층통사구조는 심층통사구조에서 변화해 온 것이고 구체적 문장으로 생성된다.

통사구조와 의미구조의 대응관계는 다음과 같이 설명할 수 있다. 의미적으로 볼 때, 동사는 그 자신과 관계되어 있는 기타 의미성분의 수량과 성질을 제약하고 부동한 의미구조를 형성할 수 있다. 통사적으로 볼 때, 동사 자체의 성질은 각 의미성분이 통사구조에서 투사되는 위치를 제약하고 부동한 통사구조를 형성한다. 양자는 논항구조를 통해 관계를 맺고 있다.

제6절 조작절차와 기술노선

언어란 형식과 의미와의 관계이고 한 언어를 안다는 것은 바로 형식과 의미와의 관계를 아는 것이다. 언어를 쉽게 습득하고 이해하기 위해서는 형식과 의미간의 관계가 간결해야 할 것이다. 이 간결한 관계는 문장의 통사구조가 술어의 의미구조를 반영하기 때문에 가능하다. 통사구조는 통사적 정보와 의미적 정보를 포함한 술어의 정보이다. 동사의 명사에 대한 지배 능력은 동사의 어휘의미에 의해 결정되어 있다. 반면에 지배성분(의미역, 항가)의 수량과 유형은 동사의 지배 능력을 반영해주고 있는 것이다. 동사와 관련되는 의미역에 대한 기술을 통해 동사의 통사 결합능력을 간결하게 기술할 수 있게 된다. 의미역을 연구하는 목적은 통사구조의 합리성을 설명하고 통사구조와 의미구조 사이의 관계를 밝히기 위해서이다. 동사의 어휘의미를 모호성을 지니기에 어휘의미를 통해 지배성분의 수량과 유형을 확립하기가 어렵다. 동시에 동사의 어휘의미가 동사의 통사적

---

25) 홍재성(2000)은 이를 통사논항구조라 한다.

분포에 대한 제약도 한도가 있다. 그래서 통사적으로 의미역을 확립하는 것은 통사구조의 합리성을 설명하고 통사구조와 의미구조 사이의 관계를 밝히는데 유리하다. 이를 감안하여 본문에서는 문장의 심층표상을 탐구할 때 통사를 통해 의미를 기술하는 기본 노선을 취하고자 한다. 이런 기본 노선은 표층구조가 심층에서 어떻게 표상되는가를 추출하는 방법으로 설명된다. 추출(derivation)과정을 거쳐 각 논항과 해당 의미자질이 얻어짐으로 동사와 기타 구성성분 사이의 의미결합관계를 탐구하고 동사의 의미유형을 결정할 수 있게 된다. 논항은 자신의 의미자질에 따라 부동한 의미역을 부여하게 되는데 이로서 논항인 명사의 의미자질에 근거하여 의미역 유형을 추출할 수 있다. 동사 의미항은 전반 동사 의미분류체계의 제일 끝에 있다. 각 동사 어휘항목들의 의미결합관계를 통해 그것들을 분류해 볼 수 있다. 분류는 의미결합관계 틀 안에서 진행되는 것이다. 사실 이렇게 통사와 의미를 결합하여 연구하는 것은 현대 언어학 이론연구의 추세다.

통사구조와 의미구조의 대응관계의 차원에서 볼 때, 한 통사구조는 부동한 의미구조와 대응할 수 있고 한 의미구조는 부동한 통사구조와 대응할 수 있기에 이점을 충분히 고려해야 한다. 부동한 통사구조는 부동한 의미구조로 도출될 수 있고 같은 의미구조로도 도출될 수 있다. 그중에서 표층구조에서 기본 동사구조를 주상화해 내는 것이 가장 중요하다.

동사 "가까이하다"의 경우에 다음 두 문장을 보자.

> (2.27)　a. 당신은 그를 가까이하지 말라.
> 　　　　b. 당신은 그와 가까이하지 말라.

문장의 뜻으로 볼 때, 두 문장은 비슷하다 말할 수 있다. 어떤 경우에는 다 같이 쓰일 수도 있다. 그러나 의미구조의 차원에서 두 문장은 차이를 보여주고 있다. 첫번째 문장 안의 "그"는 "대상"이란 의미역이지만 두

번째 문장 안의 "그"는 "수반"이란 의미역이다. 그래서 동사 "가까이하다"는 이상 두 문장에서 부동한 의미항으로 구현되어 있다. 뜻은 의미보다 더욱 깊은 계층에 속한 것이다. 이는 "의미"가 확실히 "통사의미"이어야 함을 설명해주고 있다. 하나의 뜻은 부동한 언어형식으로 표현할 수 있다.

또한 동사 "끼여들다"의 경우에는 그의 어휘의미가 "참여하다"일 때, "N0 N1-에 V"와 "N0 S-데에 V" 두 가지 기본 통사구조를 취할 수 있다. "N0 S-데에 V"의 문장 S는 급을 낮추어 주문의 구성성분으로 되고 "S-데에"의 통사적 표현형식으로 나타난다. 문장 S는 통사적 규칙에 의해 문장의 구성성분으로 된다. 한국어에는 문장이 구성성분으로 될 때 "-기", "-것", "-데", "-음" 등 형식을 취할 수 있다. 동사 "보다" "바라다"의 경우에는 문장이 구성성분으로 될 때 "-기", "-것" 형식을 취해야 한다.

(2.28) a. 우리는 조국이 빨리 발전하기를 바랍니다.
b. 우리는 조국이 빨리 발전하고 있는 것을 보았다.

이런 성분을 취할 수 있는 동사는 그밖에 "간섭하다" 등도 있다. 이러한 통사적 현상은 동사 자체의 속성의 요구에 의한 것이다.

기본 통사구조 모듈은 한 언어에서 추상화된 통사구조의 집합이다. 이런 기본 통사구조 모듈은 현대한국어 언어사실을 충분히 고찰하여 통계적인 방법으로 구축할 수 있다. 그 모듈에는 동사와 관련된 모든 통사성분과 그 유형이 포괄되어 있다. 앞에서 지적한 바와 같이 언어표상은 통사구조를 선택하는 과정을 거쳐야 한다. 어느 한 동사를 중심으로 문장을 생성할 때 완전히 기본 통사구조대로 생성되는 것이 아니고 변환된 것이다. 이 기본 통사구조와 관련된 표현형식은 바로 이 구조의 변체이다. 다시 말하면 이 변체는 화용론적 선택의 결과이며 표층통사구조이다. 현실

언어생활에서의 문장은 실지로 기본 통사구조의 구체적 구현이다. 기본 통사구조와 그 변체 사이의 관계를 통하여 현대한국어 어느 한 성분이 통사구조에서의 분포 양상을 밝힐 수 있다. 이를 통하여 문장 통사구조의 결합적 규칙을 탐구하는 좋은 조건 마련될 것이다.

Chomsky가 "언어는 문장의 무한 집합이다"란 명제를 제출한 이래 연구자들은 언어의 본체론 연구에 대해 점차적으로 중시하게 되었다. 그것은 문법과 의미가 인식론과 방법론 차원에서 구분해낸 언어의 두 가지 계층이다. 이 두 가지 계층은 본체론의 차원에서 언어에서 분리할 수 없기 때문이다. 그래서 언어연구에서 이 두 가지 요소를 동시에 고려해야 자연언어 현실에 알맞는 결론을 내릴 수 있게 된다. 본문은 현대언어학이론의 합리적 핵심내용을 받아들이고, 한국어의 형태적인 특점을 충분히 감안하고 계통학의 관점으로부터 출발하여 통사정보와 의미정보를 통합함으로써 현대한국어 동사를 통사의미적으로 기술하고자 한다. 동시에 한국어 동사에 대해 체계적으로 의미적인 분류를 시도하고 문장의 의미구조와 그 내적 관계를 다층차적으로 형식화된 기술을 하고자 한다. 이는 통사지식과 의미지식을 획득하는데 꼭 필요하다고 본다.

동사는 문장의 핵심적 구조성분이다. 문장의 기본구조는 동사의 통사의미적 속성에서 투사되어 형성된 것으로 보여진다. 동사의 통사의미적 속성은 논항속성, 의미역 속성, 논항의 범주적 속성, 의미역의 통사적 특성 등을 포함하고 있다. 그래서 본문은 구체적 조작과 이론의 실질운용상에서 통사를 통해 의미를 기술하는 방법을 취함으로써 자연언어에 대한 통합적 기술 이념을 흡수하여 사전과 문법을 일체화하고자 한다. 그 기본 이념이 바로 어휘의 문법화와 문법의 어휘화이다. 이는 언어학발전의 흐름에도 알맞고 어휘의 중요성을 드러낸 것으로써 "큰 어휘부와 작은 문법"의 사상을 반영한 것이라 하겠다.

제 3 장 의미역 체계의 구축

제1절 의미역의 이모저모

20세기 60년대 Gruber(1965)와 Fillmore(1968)가 제일 먼저 술어동사와 해당 명사구 사이의 의미관계를 표시하는 격(case)이란 개념을 제출하였다. 격(case)을 일명 의미격(semantic case)이라고도 한다. 격문법은 그전의 변환 생성분법이 해결하지 못한 중요한 문제를 명확히 설명하였다. 영어에서 보면 각송 문법관계와 의비격과의 상호관계가 명확하지 못하다. 그래서 영어에서 항가로서의 통사와 의미에 대해 완비하게 설명하기 위해 문법 관계 외에 다른 술어(術語)를 증가할 필요가 있었다. 이것이 바로 Fillmore 가 제출한 격이란 개념이다.

> (3.1)　　a. John opened the door with the key.
> 　　　　　b. The key opened the door.
> 　　　　　c. The door opened.

이상의 문장들에서 John, the key 와 the door가 각각 주어라고 하면 매개 문장에서 이들이 의미적으로 담당하는 역할(role)들의 차이가 인식되지 않는다고 말할 수 있다. 그러나 거기에 부동한 의미격을 부여함으로써 그러한 차이를 기술할 수 있다. 즉 그들은 각각 행위주, 도구, 수동자가 된다. 20세기 80년대, Chomsky는 C.J.Fillmore, R.Jackendoff, J.J.Katz 등 사람들의 이론 발전에 따라 이 개념의 명칭을 의미역(Thematic role, 혹은 Theta-role, 약칭으로 θ-role)26)으로 고쳤을 뿐만 아니라 그 것을 원칙과 변수이론에 받아들여 그 중에서 아주 중요한 의미역 이론(Theta Theory)으로 발전시켰다는 것은 주지의 사실이다. 김기혁(1997) 등 한국 학자들은 의미역 이론을 한국어 연구에 도입시켜 비교적 상세히 소개하고 연구한 적이 있다.

의미역은 개념적인 것이다. 이러한 개념적 역할들은 개념적 특징과 마찬가지로 정확한 정의를 지어줄 수 없다. 때문에 이들은 사용 상에 있어서 이의(異義)없이는 쓰일 수 없다. 그렇기 때문에 원칙적인 차원에서 의미역의 수량에는 제한이 없다. 그 의미역은 중요한 개념으로서 이것과 통사성분 사이의 연계와 구별을 정확히 이해하는 것이 더욱 중요하다. 제2장에서 분석한 바와 같이 개념적인 의미역은 통사성분을 담당하는 명사의 의미자질의 추상과 개괄이라 할 수 있다. 통사성분을 의미역에 의해 실현된다고 간주할 수 있다. 다시말하면 통사성분은 의미역의 예시 혹은 실현, 문법화의 결과로 간주할 수 있다는 것이다. 문법적 표시(mark)는 언어에 따라 다르지만 개념적 특징의 표현인 의미역은 모든 언어에 적응된다. 그래서 통사성분은 비록 구체적 언어의 문법적 표시에 딸려 있지만 그들이 표시해 주는 개념적 역할의 뜻에서 언어의 제한을 넘어 비교할 수 있다. 그것은 문법적 역할은 문법적 형식에 의하여 정의되기 때문이다. 그들은 똑똑히 변명될 수 있지만 그 수량에는 제한이 있다. 하지만

---

26) 한국어학계에서는 의미역(意味役)이란 술어(術語)로 번역해 사용하지만 중국에서는 語義角色, 題元角色, 論旨角色 등 이란 여러 가지 술어(術語)로 번역해 사용하고 있다.

개념적 역할은 똑똑히 정의하기가 어렵고 그 수량도 명확히 정할 수 없다. 그중 중요한 하나는 개념적 범주와 문법적 범주의 관계가 일대일의 관계가 아니라는 것이며 이들 사이에는 명확한 대응관계가 존재하지 않는다는 사실이다. 한국어에서는 통사성분인 주어가 개념적 역할의 차원에서 행위주(agent) 뿐만 아니라 경험주(experiencer)도 포함하고 있다.

(3.2) a. 희선양은 사과를 먹었다.(행위주)
       b. 희선양은 사과를 좋아한다.(경험주)
       c. 희선양은 그 아이를 여기 오라고 했다.(사역주)

제2절 의미역의 확립 원칙

의미역의 확립에 여러 가지 관점이 있다. 의미역 목록이 다를 뿐만 아니라 확립원칙도 다르다. 의미역 목록의 합리성과 의미역을 구체적으로 확립하는 합리성을 어떻게 증명하는가? 인간이 자기 주변에서 발생된 사건에 따라 내린 여느 유형의 판단이 Fillmore가 의미격(의미역)을 정의하는 표준으로 된다. 이러한 판단은 "어떤 사람이 무슨 일을 한다", "어떤 일이 어느 사람에게서 발생한다", "어떤 일에 변화가 생겼다"등을 포함하고 있다(Fillmore, 1968). 이에 따라 그는 일련의 논저에서 선후로 16개의 의미격을 제출함으로써 문장의 명제구조(Proposition Structure)에서 동사와 명사 사이의 통사의미적 관계를 기술한다. 이러한 표준은 아주 모호한 것이다. 이에 대해, 徐烈炯(1995)은 이상 수량이 적은 의미격들로 문장구조에서 나타나는 명사구의 각종 의미적 관계를 기술하는데는 부족함이 있다. 뿐만 아니라 같은 관계를 나타내고 부동한 격은 부동한 관계를 나타내는데도 부족함이 있다고 지적했다. 또 어떤 부동한 관계는 하나의 격으로 밖에 표시할 수 없기에 그 구별을 제대로 표시할 수 없다고 하였다. 이를 감안하여, 의미역의 종류를 증가하는 것은 꼭 필요하며 그렇지 않으면 방대한 말뭉치에 대해 합리적인 의미적 해석을 할 수 없을 것이다. Fillmore 가 열거해낸 의미격은 너무 개괄적이기 때문에 동사의 구체적인 유별을 구분해내지 못한다. 따라서 모든 동사구문에 대해 변별적인 의미적 해석을 할 수도 없다.

Dowty(1991)는 전통적인 의미역은 구분, 위계 및 정의 면에서 존재하는 난점 때문에 의미역 체계가 하나하나의 이산적(discrete)인 역할(role)로 나누어질 수 없다고 본다. 그래서 몇 개의 의미역으로 나눌 수 있는가 하는 문제는 본질적으로 의미가 없다고 주장하고 있다. 술어동사가 의미역의 수량과 유형을 결정한다. 논항의 특성은 동사가 지배하는 명사구가 공유한 의미적 자질에서 획득된 것이다. 그래서 의미역을 두 부류로 나누고 판별할 수 있는 요소들을 통해 각종 의미역의 의미적 특질의 값을 정할 수 있어서 전체 의미역 체계를 효율적으로 기술할 수 있게 되는 것이다. 그는 이 두 가지 부류를 각각 전형행위주(proto-agent, 또는 원행행위주)와 전형수동자(proto-patient, 또는 원형수동자)라고 명명하였다. 이들을 이른바 원형역할(proto-themantic)이라 한다. Dowty는 원형행위주를 구성하는 특성으로 의지성(volition), 감지성(sentience or perception), 사역성(causation), 이동성(movement)과 독립성(independent existence) 등을 들고 있다. 원형수동자를 구성하는 특성으로 변화성(change of state), 점진성(increment theme), 수동성(causally affected), 정태성(stationary)과 부속성(existence) 등을 든다.

Dowty(1991)가 제출한 원형유형(prototype) 이론은 이론적으로 강한 의미해석능력을 갖고 논리적으로 엄밀하지만 동사구문(문장)에 대한 기술에 있어서 충분하지 못하고 변별적인 의미적 해석을 하지 못하게 한다. 이에 대해 어떤 사람은 이렇게 평가한다. 기술상(技術上, technically)으로 볼 때 우리는 좋은 기술수단을 찾아내 그들(동사구문) 사이의 구별을 기술(characterization) 해야 한다. 그러나 오늘의 기술수단은 아직 이런 구별을 못하는 것 같다. 어느 정도로 인간이 복잡하고 변화한 언어사실에 대응하지 못하자 원형 이론이 생겨났던 것이다. 분석대상을 자기 이론의 틀에 만들게 하고 이론에 어울리게 함으로써 이론적 파워로부터 가져온 만족감을 누리는 것이다. 그뿐만 아니라 코드딩 차원에서 볼 때, 의미표달식(semantic representation)에 대하여 상대적으로 세련(refined)된 형식화 기술을 하지도 못할 것이다. 그것은 자연언어 어휘부호가 휴대하는 의미적 개념이 재귀성(recursion)을 가지기에 무궁한 의미적 개념들을 재귀적으로 작아지는 기초적인 의미적 개념으로 해석할 수 있다. 중국 학자가 한어(漢語) 어휘개념에 대해 재귀적 실험을 해본 적이 있다. 그 결과는 어떤 한어어휘부호가 휴대하는 의미적 개념이 모두 다 100여 개의 기초적인 어휘부호가 휴대하는 의미적 개념으로 재귀적인 의미적 기술을 할 수 있다는 것이다. 그래서 이론적으로 의미적 개념의 재귀적인 최소집합을 숫자적으로 코드화하면 의미정보의 코드딩의 정확도는 높다. 그러나 코드 대상의 수량과 코드의 길이가 역비(逆比)적인데 코드딩의 대상이 적으면 부호의 의미적 코드는 더욱 길게 된다. 그 코드체계와 대응하는 언어부호의 표달식은 더욱 복잡하게 된다. 이것은 한글의 자모체계와 비슷한 점이 있다. 애당초, 한글을 구성하는 기본요소인 자모는 3개(·, ㅡ, ㅣ)가 있었는데, 이 세 가지 부호로 모든 한글 모음문자를 만들어낼 수 있었지만 오늘과 비교하면 그 코드의 복잡성이 상대적으로 높다는 것이다.

그래서 본 연구에서는 의미역을 검증하는 4가지 원칙을 세우기로 한다.

A. 사건 기반 원칙(event-based) : Fillmore가 제출한 의미역 목록은 귀납해낸 것으로 알려져 있다. 그는 새로운 언어현상을 발견하면 새로운 격으로 명명시켰다. 그래서 격의 수량이 끊임없이 늘어가고 있다. 통계에 의하년 영어에서는 적어도 66개의 격이 제출되었지만 모든 문제가 해결되지 못한 상황이다. 귀납법은 우연성적 추리이고 경험주의범주에 속한다. 이러한 방법은 모든 언어사실을 망라(网羅)할 수 없다. 그래서 순수 귀

납적인 방법으로 언어세계에 존재하는 의미구조적 성분을 개괄하려면 매우 힘들다. Fillmore는 후에 이 문제를 의식하고 "투시역(perspective)"이란 개념을 제출하였다. 그는 인지언어학의 공간은유(空間隱喻)를 차용하여 심층의미구조를 분석하기려고 시도하였다. Fillmore(1977)는 다음과 같이 주장해왔다. 문장이 하나의 장면(sence)을 기술하고 있다. 장면에서는 각 참여자가 격 역할을 담당하고 투시역의 선택을 거쳐 일부분만 투시역에 들어가서 문장의 핵심성분으로 된다. 매개의 핵심성분은 심층적 문법관계를 지니고 있다. 그의 후기 이론에서 가장 중요한 문제는 의미성분에 몇 개의 유형이 있는가 하는 문제가 아니라 어느 장면에서 어느 의미적 실체가 투시역에 들어가서 핵심성분으로 될 수 있는가 하는 문제와 투시역에 들어간 핵심의미성분 사이의 계층적 관계가 어떤 요소에 딸려있는가 하는 문제이다. Fillmore의 후기 이론에 방법론에서 질적 변화가 있었다는 것은 명백하다. 그는 하나하나의 언어현상에서 획득하고 싶어하는 의미격 목록을 귀납하기를 다시 시도하지 않고 이성적 사고를 차용하여 문장에서 나타날 가능성이 있는 의미성분을 가설해놓고 원칙체계를 이용하여 핵심성분으로 될 수 있는 참여자를 여과한다. 비록 후기 이론은 귀납과 연역을 결합하는 방법을 취하여 방법론의 차원에서 질적 변화를 가져왔지만 Dowty가 주장하듯이 투시역을 기반하여 얻은 의미적 역할은 화용론적인 영향을 받기 쉽기에 실지적으로 존재하고 있는 가설과 이탈하여 의미상의 안정성이 상실된다(결여된다). 사실상 과학적 연역법은 우선 자신이 의거하는 전제적 이론기초를 논증하여야 하고 언어현상에 대한 관찰을 포기하는 것을 필요전제로 하지 않는다. 귀납과 연역은 언제나 상호의존하는 대리적인 두 측면이다. 그래서 투시역이 아니라 사건을 기반하여 의미역을 감정하(Event-based characterization of case roles)는 것이 바람직하다. 그것은 사건을 기반하여 얻은 역할이 문법기능을 벗어나서 안정적 의미적 역할을 유지할 수 있기 때문이다.

B. 말뭉치 원칙(corpus-oriented) : 언어연구에서 가장 중요한 전제가 하나 있는데 그것은 특정(구체적) 언어의 대량 언어사실과 현상에 대해 일정한 이론적 모듈을 이용하여 층위적으로 분류별로 기술하고 언어 현상과 언어 구성부분의 기능을 조리가 있고 체계가 있게 귀납시키는 해석적인 틀을 제공하는 것이다. 말뭉치의 건설이 중요하지만 그것보다도 먼저 말뭉치 처리를 과학적으로 지도하는 이론과 방법을 찾는 것이 더욱 중요하다. 우선, 우리는 6가지의 어떠함(六何, six Wh-s)[27]의 사상으로부터 출발하여 의미역 체계의 제1층위를 확립하고, 이를 기초로 하여 한국어 언어사실을 충분히 관찰하여 존재 가능한 의미역을 확립하는 것이다.

C. 통사 기반 원칙(syntax-based) : 우리는 통사를 통해 의미를 기술하(describe)는 기술 노선에 따라 의미역을 제정한다. 부호체계로서의 언어의 각 요소들은 바로 통사관계를 통해 조합(combination)되고 뜻을 띠게 되며 정보를 전달할 수 있게 되는 것이다. 때문에 어떤 구문성분이 문장에서 어떤 역할을 담당하는가를 감정할 때 통사관계로부터 착수해야 한다. 구체적으로 말하면 하나의 의미역을 구분해 내고 이를 전체 의미역 체계의 한 성원으로 받아들이려면 이러한 의미적 구별특징과 연계되어 있는 통사적 구별특징을 찾아내야 한다. 다시 말하면 구체적인 밀뭉치에서 표층구조가 제공하는 문법정부를 전면적으로 통계함으로씨 문장이 나타내는 각종 의미관계의 유형을 확립하는 것이다. 이리하여 유형화된 이들 의미관계에 해당하는 격이나 역할 표지(role label)를 붙일 수 있다. 상술한 원칙을 채용하는 방법은 바로 통사 현상을 기초로 하여 부동한 논항 위치에 있는 성분이 포함하는 의미성분을 분석하여 귀납하고 검정하는 통사를

---

27) 이른바 "6가지의 어떠함"은 "어떤 사람, 어떤 것, 어떤 때, 이띤 곳, 어떤 원인, 어떻게"를 가리킨다. 사건은 인물과 환경으로 구성되어 있는데 "6가지의 어떠함"은 인물과 환경에 대한 세분화이라 할 수 있다. 그래서 인물과 환경으로 의미관계를 개괄하고 제어하면 사건 참여자의 의미역할의 유형을 모두다 열거해낼 수 있고 서로 사이의 논리적 관계를 이어줄 수 있다.

통해 의미를 기술하(to describe semantics across syntax)는 것이다.

D. 아이디어 구사 원칙(idea-driven) : 두 번째 원칙은 유형적 층위(visible level)에서 언어현실을 관찰하고 특정 언어에서의 모든 통사구조를 통계하여 귀납하는 것인데 이는 의미역을 확립하는 기점(起點)이다. 그러나 언어연구에서 의미분석의 복잡성과 실지 난점을 홀시(홀시)하면 안 된다. 순수적으로 내부 언어학각도에서 복잡한 문법현상에 대해 변별적인 의미적 해석을 할 수 없기 때문이다. 우리는 외부언어학이나 언어학을 초월하는 영역에 시야를 돌려야 한다. 인지의 차원에서 객관적 물질세계가 보편성(普遍性)과 지정성(指定性)을 가지는 본체 범주를 파악하여야 한다. 본체 범주는 언어정보와 심리정보가 공유하는 개념구조의 구성요소이며 동시에 두뇌가 경험을 조직하고 지력활동을 진행하는 기초이다. 이것이 가리키는 대상은 구체적인 사물일 뿐만 아니라 사건, 행위, 시간, 공간 등 일련의 범주를 포함하기도 한다. 그래서 아이디어 구사 원칙은 아이디어가 의미역 감정에서 노는 중요한 역할을 충분히 강조한다. 아이디어는 인류의 보편적 인지능력과 언어능력의 일부분으로서 그것의 형성은 언어 이외의 환경정보와 언어 내부의 각 층위의 정보의 가공과 처리에 의거한다. 아이디어 구사만 통해 본체범주 내의 사물과 사건 등에 대해 지각 판단(intuitive judgement)과 논리적 분류를 함으로써 심리현실성이 있고 계산할 수 있는 언어학이론모형을 구축할 수 있어야 하며 정성과 정량 두 방면에서 의미역을 합리적이고 과학적으로 기술할 수 있어야 한다. 아이디어 구사 원칙은 인간본위의 언어관념을 반영하고 있으며 인간, 언어 및 객관 세계를 서로 연계하게 한다고 본다.

필자는 Dowty가 제출한 사건 기반 원칙에 근거하여 의미역을 검정하는 방법을 인정하지만 이론적 완비성에만 만족해서는 안된다고 생각한다. 적당한 의미역을 증가해야 한다. 그렇지 않으면 더욱 광범한 말뭉치에 대해 직접적으로 구별적인 의미해석을 해줄 수 없게 되고 동사의 통사의미구조를 상세히 기술할 수 없게 될 것이다. 논문 연구의 목적으로부터 볼 때, 우리는 의미역의 구분과 의미역 체계(목록)의 구축은 인지상(認知上) 파악할 수 있고 기술상(技術上) 조작(operation)할 수 있는 표준과 원칙을 세운 기초에서 해야 한다고 여긴다. 우리는 실증주의(pragmatism)원칙을 준수하여 방대한 언어사실에 대해 형식 상 정밀히 관찰하고 분류하여 기술해야 하는 동시에 내용상 그들에 대해 직각판단을 내리고 기능해석을 해야 의미역 체계(목록)의 합리성을 증명할 수 있고 이 의미역 체계가 언어정보처리에서 나타나는 실용성을 보장하여 줄 수 있다.

제3절 의미역 체계의 구축

의미역 체계를 구축하려면 두 가지 문제를 해결해야 한다. 하나는 의미역의 분류 문제, 즉 분류할 수 있는가 없는가 하는 문제이고 또 하나는 의미역의 수량 문제, 즉 도대체 몇 개의 의미역을 설치해야 타당한가 하는 문제이다. 의미역 체계는 계층성을 지닌 의미역 목록을 가리킨다.

의미역 목록을 열거하는 작업은 Fillmore의 격문법으로부터 시작되었다. 그는 다른 연대의 다른 저서에서 다른한 수량의 의미격을 설치하였다. 종합해 보면 행위주, 도구, 수익자, 결과, 방향, 대상 등을 열거할 수 있다. 다음 도표는 그가 년대별로 제출한 격유형과 격명칭이다.[28]

---

28) 吳蔚天・羅建林(1995 : 72-75)과 김기혁(1997 : 551-567)을 참조.

도표 3-1 : Fillmore의 년대별로 의미역 목록

연대별	격 명 칭
1966	행위주Agentive 도구Instrumental 객체Objective 처소Location 시간Time 여격Dative 수익자Benefactive 수반Comitative
1968	행위주Agentive 도구Instrumental 객체Objective 종점Factitive 처소Location 시간Time 여격Dative 수익자Benefactive 수반Comitative 존재Essive 전환Translative
1971	행위주Agent 경험주Experiencer 도구Instrument 객체Object 내원Source 종점Goal 처소Place 시간Time 경로Path
1977	행위주Agent 객체Patient 내원Source 종점Goal 범위Range

그후 그의 학생 또는 다른 학자들이 적당한 보충을 하였다. 의미격의 수량은 학자에 따라 다르다. Fillmore 본인도 의미격의 수량이 얼마면 좋은지 몰랐다. 그 후부터 의미격의 수량 문제는 학계에서 계속적으로 다루어지고 있다. 지금 영어에서 많이 쓰이는 의미격은 모두 32개이다(吳蔚天·羅建林, 1995). 이에 대한 중국학자들의 토론이 아주 활발하다. 董振東(1998)선생이 그의 HowNet이론에서 제출한 의미역의 수량은 42개가 있다. 魯川(2001)은 7대류(大類), 하위 분류로 26소류(小類)의 이른바 외부 각색(extral roles) 체계를 세웠다. 일본 MU시스템은 영어 32개의 의미역 체계의 기초에서 29개의 필수격과 12개의 선택격을 추가하여 73개의 의미격 체계를 사용하였다. 필자가 장악한 바에 의하면 성광수(1977)가 "위격, 여격, 구격, 객격, 공격, 원격, 달격, 처격, 시격, 노격"등 10개의 의미격을 포함하는 의미역 체계를 제출한 적이 있었다. 김민수 선생(1981)은 내면격이란 개념을 제출하여 이에 대해 상세한 분류를 내놓았다. 우리는 그의 내면격이란 개념이 Fillmore의 의미역과 같은 개념으로서 실지로 의미역이라고 본다. 필자도 한국어언어사실에 착안하여 29개의 내면격 목록을 내놓은 적이 있다(필옥덕, 1996). 최호철·홍종선·조일영·송향근·고창수(1998)에서는 기계번역에서 유용하게 쓰일 수 있도록 한국어의 논항 체계

를 연구하였다. 이는 "이, 을, 로, 에, 와"의 형태를 대상으로 한 것으로, 그 결과 39개의 의미역이 정리되었다. 한국 문화관광부에서 지원하는 "21세기 세종계획"은 1998년도 전자사전 분과 보고서에서 10개의 의미역을 내놓고 1999년도 전자사전 분과 보고서에서는 4개[29]의 의미역을 추가하였다. 2000년도 보고서에서는 변화가 없었지만 2001년도보고서에서는 커다란 변화가 있어 37개의 의미역 목록이 세워졌다. 그러나 2002년도 보고서에는 의미역 목록을 다시 12개로 압축하였다.

A. 김민수 선생이 제출한 내면격의 분류 체계는 다음과 같다.
1) 내면격

동주격(A)	원인격(C)
기점격(S)	도구격(I)
경험격(E)	위치격(L)
목표격(G)	시간격(T)
대상격(O)	

2) 이중격

동주기점격(AS)	허용동주격(PA)
기점대상격(SO)	동주대상격(AO)
사동동주격(CA)	동주목표격(AG)

B. 최호철·홍종선·조일영·송향근·고창수(1998)에서는 제시한 한국어 의미역은 다음과 같다.

---

29) (1) "도착점"(GOL)에서 나누어져온 두 가지의 의미역 :
　　　　영수주(Recipient)　　RCP
　　　　자격(Appraisee)　　APP
　　(2) 새로 설치한 두 가지의 의미역 :
　　　　기준치(Criterion)　　CRT
　　　　정도(Degree)　　DGR

ㄱ. 이 : 범위, 감각체, 행위자, 감정자, 피위자, 수동자, 사역자, 지각자, 작용자, 존재자, 장소, 경험주, 소재, 지정, 대상

ㄴ. 을 : 동작, 결과, 대상, 재료, 목적, 범위, 경로, 기점, 피해자, 수혜자, 피위자

ㄷ. 로 : 범위, 이유, 재료, 도달, 경로, 도구, 자격, 선정, 수단, 결과, 방향

ㄹ. 에 : 빈도, 시간, 원인, 행위자, 동인, 피사역자, 기점, 도달, 장소, 대비, 범위, 수혜자, 기준, 소재

ㅁ. 와 : 상대, 공동

C. 세종계획은 1998~2002년도보고서에서 제출한 의미역목록은 다음과 같다.

1998~2000년도	2001년도	2002년도
행위주(AGT)	대상행위주(AFA) 공헌주(DON) 소속주(RCP) 공동행위주(JAG) 원인주(CAU) 행위주(AGT) 상태주(POS) 비의도행위주(EFF) 소유주(PSS) 피해주(PAT)	행위주(AGT)
대상(THM)	동작대상(MOT) 공동대상(JMO) 상태대상(MTH) 공동상태대상(JMA) 대상(THM) 창조대상(CRE) 중립대상(NTR)	대상(THM)
경험주(EXP)	경험주(AGE) 경험주(EXP)	경험주(EXP)

1998~2000년도	2001년도	2002년도
수반주(COM)	수반행위주(COA) 수반대상(COT) 기준치(CRT)	수반주(COM)
처소(LOC)	처소(LOC) 범위(RAN) 장면(SCN)	처소(LOC)
출발점(SRC)	출발점(SRC) 원시상태(INT)	출발점(SRC)
종점(GOL)	종점(GOL) 결과상태(FIN)	종점(GOL) 결과상태(FIN)
방향(DIR)	방향(DIR)	
도구(INS)	도구(INS) 경로(PTH) 재료(MAT)	도구(INS)
이유(RSN)	비의도행위주(EFF) 목적(OBJ)	영향주(EFF)
기준치(CRT)	기준치(CRT)	기준치(CRT)
자격(APP)		
정도(DGR)	정도(DGR)	정도(DGR)

“21세기 세종계획” 2001닌도보고서에서의 의미역을 검정하는 기본원칙을 통사기반원칙이라 힐 수 있나. 기본적으로 통사에 근거하여 의미역의 유형을 포착하였다. 예컨대, “공동대상”은 부동한 통사구문유형의 변화에서 구분해온 새로운 의미역이다. “수반대상격”과 “대상격”의 융합이라고 여겨진다. 앞에서 지적한 바와 같이 통사구문유형의 변환은 문장의 통사의미를 바꾸지 않고 예문(3.3b)는 (3.3a)의 변형으로 간주할 수 있다. 그 뿐만 아니라 이렇다면 (3.3c)와 같은 경우에 대해서는 처리하기 어려올 깃이다. 그래서 “공동대상격”을 설치할 필요가 없다고 본다. 사실상 이후의 2002년보고에서는 다시 수정되었다.

(3.3)　　a. 영희는 A와 B를 하나로 통합했다.
　　　　　b. 영희는 A를 B와 결합시켰다.
　　　　　c. 영희는 그들을 결합시켰다.

"21세기세종계획" 2002년도보고서에서는 의미역 목록을 다시 정리하여 12개의 의미역 체계를 내세우고 각 의미역의 세부사항에 대해 설명하고 있다. 그러나 그 하위 부류에 있어서도 2001년도 보고서처럼 명칭을 지어주지 않고 있다. 의미역은 통사적 위치에 있는 명사의 의미자질에 대한 고도로 되는 추상과 개괄이고 동사에 의해 지배되는 명사의 의미자질의 집합이다. 그 추상화 정도가 신축성이 있는데, 오늘까지 의미역 목록이 완전히 정성정량(定性定量)되지 못한 원인이 바로 거기에 있다. 그래서 "21세기 세종계획"의 처리방법에는 도리가 있다고 본다. 그러나 "21세기 세종계획"이 의미역 목록을 만들 때 통사적 원칙에만 의거한 것에는 인지 상의 파악이 결여되어 있고 엄격한 도출을 거치지 않고 있다. 비록 "21세기 세종계획"은 의미역이 계층성이 있다고 주장하지만 구제적 조작 상으로 볼 때 Fillmore의 일반적 귀납일 뿐이다. 최호철·홍종선·조일영·송향근·고창수(1998)는 5개의 기본 표층격으로부터 그 자체가 나타나는 뜻에 근거하여 귀납적 방법으로 의미역 체계를 내세운 것이다. 이렇게 하는 것은 방법론의 차원에서 볼 때 신비도가 있다. 그러나 주지하는 바와 같이 현대 한국어의 표층격 체계에는 5가지가 아니라 7가지가 있다. 5개의 표층격으로부터 도출한 의미역 체계는 완비한 것이 아니다.

　순수 개념 상에서 동사가 부여하는 의미역을 많이 열거할 수 있다고 주장한다. 그것은 개념적이기 때문이라고 본다. 이론언어학의 차원에서 의미역의 선정은 보편문법에서 상당한 보편성을 가져야 하고 의미역의 수량도 한 조건에 어울려야 하며 의미역의 구분도 객관성을 띠어야 한다. 그러나 자연언어처리와 기계번역의 차원에서 보편성과 객관성의 기초에서 보다 상세한 의미역 목록을 열거해내야 한다. 황창녕은 "1968년

Fillmore가 '격문법(case for case)'이란 논문을 발표한 이후부터 의미결합관계로 문장의 의미를 표현하는 방법은 갈수록 많은 연구자들에게 접수되고 각국의 자연언어처리체계에 응용되었다. 이것은 의미결합관계이론이 특정한 언어에 한하지 않고 언어상의 보편성을 지니고 있다는 것을 설명해주고 있다. 그러나 유감스러운 것은 어느 특정한 언어를 대상으로 하여 술어동사의 이러한 의미결합관계에 대해 체계적으로 대규모적인 기술을 한 적이 없었다는 것이다. 반대로 연구자들은 도대체 몇 개의 의미역을 설치하는 것이 타당한가, 의미역 명칭을 어떻게 지어주는가 등 문제를 놓고 여념없이 논쟁하고 있다. 이것은 의미결합관계이론으로 하여금 자연언어체계에서 자신의 역할을 제대로 활용하지 못하게 해주고 있다"고 말했다. 필자는 언어공학의 차원에서 의미결합관계이론을 매개의 동사에 응용시켜야 한다고 주장한다. 이러한 작업은 의미역 체계의 구축, 의미결합관계를 기반하는 통사의미적 기술과 의미결합관계를 기반하는 동사의 의미분류 등 세 가지 내용을 포함하고 있다.

그래서 본 연구에서는 의미역 체계를 구축할 때 이성주의와 경험주의를 결합하는 실증주의의 방법을 동원하여 사건 기반 원칙, 말뭉치 원칙, 통사 본위 원칙과 아이디어 구사 원칙을 준수한다.

우리는 陳望道(1976)선생이 ≪修辭學發凡≫(재판)에서 제출한 6가지의 어떠함인 사상을 바탕으로 하여 한국어 언어사실을 충분히 관찰한 기초에서 "가설—연역"이란 연구 모듈로 언어가 반영하는 대상세계에서의 각종 인지적 연계로부터 의미구조에 대한 연구가 최종적으로 어형구조(표면구조, 통사구조)로 표현되어야 한다는 이념으로, 의미구조와 그의 구성요소인 의미참여자를 기초로 하여, 체계적으로 한국어에서의 가능한 의미구조를 관찰하여 한국어의 의미역 체계를 구축한다.

이 의미역 체계는 3가지의 층위로 나누어져 있는데 제1층은 주요역할과 차요역할로 구성되고, 제2층은 "6가지 어떠함"과 대응되어 주체역할, 객체역할, 관련역할, 환경역할, 근유역할과 차용역할을 포함하고 있으며,

제3층은 제2층의 6가지 역할의 하위분류인데 행위주, 경험주, 당사자, 소유주, 사역주, 수동, 결과, 내용, 감지, 수혜자, 내원, 수반, 관계자, 기준치, 원시상태, 결과상태, 지정, 소속, 부분, 도구, 재료, 방식, 자격, 범위, 기점, 종점, 장소, 수량, 경로, 방향, 시간, 조건, 정도, 근거, 원인, 목적 등 36가지의 의미역을 포함하고 있다.

다음 도형은 "6가지 어떠함"과 제2층 의미역과의 대응관계를 보여주고 있다.

도표 3-2 : "6가지의 어떠함"과 의미역 체계의 제2층과의 대응관계

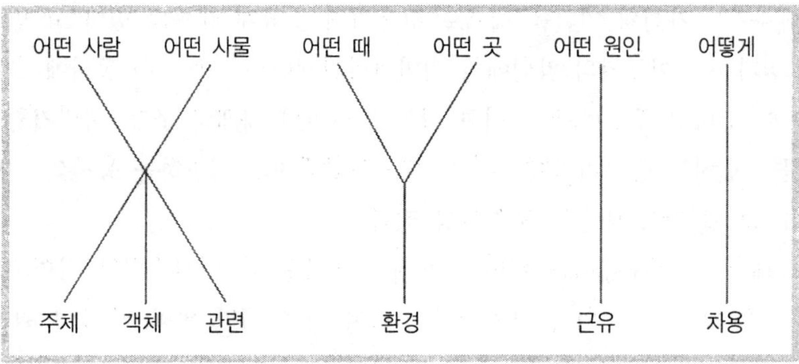

그 밖에 동사에 의해 지배받는 명사의 의미자질은 동사 의미유형을 구분하는 보충적 수단으로 되어 있다고 본다. 그것은 의미역만으로 모든 동사가 이루는 문장에 대하여 변별적인 의미해석을 다 할 수 없고 동사 의미유형을 다 구분할 수 없는 것이기 때문이다.[30]

---

30) 제2장 제4절의 "의미자질"을 참조.

도표 3-3 : 한국어정보처리를 지향하는 의미역 체계

제1층	제2층	제3층
주요역할	주체역할	행위주(Agent)
		경험주(Experiencer)
		사역주(Causer)
		당사자(Subject)
		소유자(Possessor)
	객체역할	수동자(Patient)
		성과(Product)
		내용(Context)
		감지대상(Exp-Theme)
	관련역할	수혜자(Benefit)
		내원(Source)
		수반(Companion)
		관계자(About)
		기준치(Criterion)
		원시상태(Initial State)
		결과상태(Final State)
		지정(Elative)
		소속(Belonging)
		부분(Part)
차요역할	환경역할	범위(Range)
		기점(Start)
		종점(Goal)
		장소(Location)
		수량(Quantity)
		경로(Path)
		방향(Direction)
		시간(Time)
		조건(Condition)
	근유역할	근거(Base)
		원인(Reason)
		목적(Purpose)
		정도(Degree)
	차용역할	도구(Instrument)
		재료(Material)
		방식(Manner)
		자격(Appraiser)

제4절 의미역 목록 및 그에 대한 해석

앞에서 의미역 검증과 관련하여 논하고 한국어정보처리를 지향하는 의미역 체계를 구축하였다. 이에 따라 다음에는 의미역 체계를 둘러싸고 계층별로 매개의 의미역을 보다 상세히 해석하고저 한다. 그중에는 의미역 정의, 의미역의 형태적 표시, 예문 등 내용이 포함되어 있다.

4.1. 주요역할

한국어 정보처리를 지향하는 의미역 체계의 제1층위로서의 주적 역할은 주체역할, 객체역할과 관계역할 등 세 가지를 포함한다.

4.1.1. 주체역할

주체역할은 "행위주, 경험주, 당사, 소유자, 사역주" 등 5가지의 하위 의미역을 포함하고 있다.

4.1.1.1 행위주(Agent) : 사건에서 동작이나 행위의 주체인데 이 의미역을 담당하는 명사구는 [+의지성]자질과 [+적극성]자질을 가지고 있다. 이는 사건 주체가 주동적으로 어떤 동작을 시행하는 것이다. 행위주는 두 가지 유형으로 나눌 수 있다. 하나는 인간과 관련되어 있는 것으로 매우 전형적인 것이다. 예컨대 "남편은 아내를 때렸다"에서의 "남편"명사구는 바로 이 의미역 유형에 속한다. 또 하나는 자연력과 관련되어 있다.[31] 예컨대, "바람이 나무들을 흔들리고 있다"에서의 "바람"이다. 후자에 있어

---

31) 세종계획2001년도보고서에는 "비의도행위주(Effector)"인 의미역을 설치하였으나 후에 2002년도보고서에는 "영향주"로 이름고쳤다.

서 우리는 이를 의인화(擬人化) 현상으로 보고저 한다. 행위주 의미역의 형태적 표지(표층격)는 "가/이"를 위주로 하여 특수조사인 "는/은, 께서"등도 항상 사용된다.

> 그녀는 아이의 볼기짝을 찰싹 때렸다.
> 남편은 아내를 안았다.
> 어머님께서 아들에게 컴퓨터를 사주었다.
> 바람이 나무를 흔들린다.
> 강풍이 갑판을 전부 쓰러드렸다.

행위주는 다음과 같은 몇 가지의 문형에서 나타날 수 있다.

a. 중동문에서 행위주인 의미역을 담당하는 논항이 [＋생명체]자질을 가지는 명사이면 그 형태적 표지는 "에게"이고 [－생명체]자질을 가지는 명사이면 그 형태적 표지는 "에"이다. 예컨대,
> 철수가 나에게 맞았다.
> 뗏목은 물에 밀려 흘러 내려갔다.
> 전사들은 불에 타는 집에서 로인들과 어린애들을 구해냈다.
> 옷이 비에 젖었다.
> 동생의 손이 칼에 베었다.

b. 피동문에서 행위주의 형태적 표지는 "에게"이다. 예컨대,
> 적 군함은 우리들에게 격침되었다.
> 산돼지가 사냥꾼에게 잡혔다.

c. 사역문에서 행위주의 형태적 표지는 "에게" 혹은 "를/을"이다. 예컨대,
> 선생님은 아이들에게 우유를 먹였다
> 선생님은 어린이들을 정문 앞에 걸렸다.

그리고 "급여류", "탐색류"동사문에서는 그 행위의 주체가 [+공여자] 또는 [+소속]자질을 띠고 있지만 본질적으로 동작행위의 시행자이다. 그래서 우리는 이를 행위주로 취급한다.

<u>어머님</u>께서 아들에게 컴퓨터를 사주었다.
<u>그</u>는 동창생에게 선물을 보냈다.
<u>나</u>는 선생님으로부터 그 책을 빌었다.
<u>그</u>는 도서관에서 그 책을 찾았다.

4.1.1.2 당사자(Object) : 사건에서 비자발성동작행위나 비주동행위의 주체이다. 그와 관련된 동사의 성질에 따라 두 가지 유형으로 나누어진다. 하나는 비자발동작행위의 주체이다. 예컨대, "죽다, 존재하다, 무너지다" 등 동사구문의 주체이다. 그 형태적 표지는 "가/이"를 위주로 된다.

<u>비</u>가 많이 내렸다.
<u>그</u>는 지칠대로 지쳤다.
<u>바위</u>가 산에서 굴렀다.

또 하나는 비주동동작행위의 주체인데 이 의미역을 담당하는 명사는 [+의지성]자질을 띠고 있지만 [−적극성]자질도 띠고 있다. 그 형태적 표지는 "는/은, 가/이"를 위주로 한다.

<u>철수</u>가 산에서 굴렀다.
<u>그</u>는 돈가방을 잃어버렸다.
<u>그</u>는 선생님으로부터 편지를 받았다.

4.1.1.3 소유자(Possessor) : 사건에서 소유관계 및 부분과 전체관계의 주체이다. 그 형태적 표지는 주로 "가/이, 는/은, 에게, 에" 등을 위주로 한다.

모든 재산이 <u>국가</u>에 속한다.
이 컴퓨터는 <u>학교</u>에 속한다.
<u>철수</u>가 그 책을 갖고 있다.
<u>잠자리</u>가 날개가 있다.

4.1.1.4 사역자(Causer) : 어떤 사건을 일으키는 주체이다. 그 형태적 표지는 "는/은, 가/이, 에서"를 위주로 한다.

<u>선생님</u>은 학생으로 하여금 공부를 잘 하라고 하였다.
<u>군부</u>에서 제19사단을 서산으로 이동시켰다.
<u>나</u>는 철수를 학교에 가게 하였다.
<u>그의</u> 말이 철수를 실망시켰다.

4.1.1.5 경험주(Expierencer) : 심리활동이 구성된 사건의 주체이다. 그 형태적 표지는 "는/은, 가/이"를 위주로 한다.

<u>성희</u>는 철준을 사랑한다.
<u>영희</u>는 국화를 좋아한다.
<u>우리</u>는 조국통일이 하루빨리 실현되기를 바란다.

4.1.2. 객체역할

객체역할은 수동자, 결과, 감지대상, 내용 등 4개의 하위 의미역을 포함한다.

4.1.2.1 수동자(Patient) : 사건에서 자발행위가 미치는, 이미 존재하고 있는 직접적 개체이다. 수동자인 의미역은 행위주와 관련되어 두 가지로 나뉘어 진다. 하나는 사람의 동작행위와 관련되어 있는 객체이고 하나는 자연력이 미치는 객체이다. 그 행태적 표지는 "를/을"을 위주로 한다. 그

밖에 "도, 까지, 조차"도 자주 쓰인다. 수동자인 의미역은 일반적으로 문장에서 보어 혹은 직접보어의 위치에 사상되고 피동문에서 주어의 위치에 사상된다.

그는 <u>영철</u>을 때렸다.
동생은 <u>수류탄</u>을 던졌다.
바람이 <u>집</u>을 흔들렸다.

4.1.2.2 감지대상(Exp_theme) : 사건에서 정신활동이 미치는 직접객체이다. 그 형태적 표지는 "를/을"을 위주로 한다.

그는 <u>영희</u>를 사랑한다.
학생들은 이 <u>교수님</u>을 아주 존경한다.
그는 <u>영어</u>를 안다.

4.1.2.3 성과(Product) : 사건에서 자발동작이나 행위 수행 이후에 생기거나 형성한 산품이다. 이 산품은 추상적인 산품과 구체적인 산품을 포함하고 있다. 이 의미역을 담당하는 논항은 [+결과]자질 등을 띠고 있다. 성과와 수동자의 구별에 있어서 "성과"는 "없는 것으로부터 있는 것으로"이고 "수동자"는 "원래 있던 것"이다. 그들의 의미자질은 서로 대립적이다. 그 형태적 표지는 "를/을"을 위주로 한다.

이번 학기에 <u>논문</u> 두편을 써내야 한다.
나는 쌀가루로 <u>떡</u>을 만들었다.
요즘은 전기 가마에 <u>도자기</u>를 굽는다

4.1.2.4 내용(Content) : 사건에서 동작이나 행위가 미치는 객체가 정보의 매체이다. 그 형태적 표지는 "를/을"을 위주로 한다.

그는 학생들에게 <u>영어</u>를 가르친다.
그는 아버지한테서 그 <u>소식</u>을 들었다.
환자들은 억압받는 <u>정서</u>를 드러낸다

4.1.3. 관련역할

관련역할은 "내원, 수반, 수혜자, 원시상태, 결과상태, 기준, 관계자, 지정, 소속, 부분" 등 10개의 하위 의미역을 포함하고 있다.

4.1.3.1 내원(Source) : 사건에서 동작이나 행위가 어떤 물건을 획득하거나 가져오는 처소이다. 그 형태적 표지는 "에서,에게서,로부터/으로부터,에게, 께"를 위주로 한다.

삼현중거문고는 <u>고구려</u>로부터 유래하고 있다(연세한국어사전).
<u>유교수님</u>한테서 지식을 많이 배웠다.
영철이는 <u>집</u>에서 편지를 받았다.
저도 <u>교수님</u>께 교습을 배울 수 없을까요?(연세사전)
대통령이 <u>강원도민</u>에게 듣는다.

4.1.3.2 수반(Companion) : 사건에서 수반하거나 배제되는 객체이다. 수반의 방식에 따라 주체수반과 객체수반 두 가지로 구분된다. 그 형태적 표지는 "와/과"를 위주로 한다. 상호문일 경우에 이 의미역은 불가피한 것이다.

그는 <u>영희</u>와 결혼했다.
그는 A를 <u>B</u>와 결합하였다.
<u>선생님</u>과 같이 왔나.
그는 <u>바나나</u>밖에 모든 과일을 다 먹는다.

4.1.3.3 수혜자(Benefit) : 사건에서 자발동작이나 행위가 미치는 간접적

객체이다. 그 형태적 표지는 "에게, 게, 에"를 위주로 한다. 이 의미역을 담당하는 논항은 일반적으로 생명체이다. 그러나 어떤 경우에는 비생명체나 추상적 사물이 담당할 수도 있다. 예컨대, "꽃", "국가" 등이다. 이때 우리는 그들을 의인적 표현이라 여긴다. 그 형태적 표지는 "에"를 위주로 한다.

그는 <u>공장장</u>에게 의견을 제출하였다.
그는 <u>영철</u>에게 영어를 가르친다.
그는 <u>선생님</u>에게 수학을 배운다.
그는 <u>꽃</u>에 물을 주었다.
개혁개방정책은 <u>우리 나라</u>에 크나큰 발전을 가져다 주었다.

4.1.3.4 원시상태(Initial State) : 사건에서 주체 혹은 객체의 원시상태이다. 주체의 원시상태이기도 하고 객체의 원시상태이기도 하다. 그 형태적 표지는 "에서, 로부터/으로부터"를 위주로 한다.

내가 차를 <u>소나타</u>에서 그랜저로 바꿨다.
물이 <u>액체</u>에서 고체로 변했다.

4.1.3.5 결과상태(Final State) : 사건의 주체 혹은 객체의 최종 상태이다. 그 형태적 표지는 "로, 가/이"를 위주로 한다. 이는 "성과"와 비하면 사물이 원래상태에서 변해온 것인데 주체의 최종상태이기도 하고 객체의 최종 상태이기도 하다. "성과"가 창조적 산품임은 뚜렷한 것이다.

물이 <u>포도주</u>가 되었다.
철수가 <u>학생</u>으로 되었다.
적들의 계획은 <u>수포</u>로 돌아가버렸다.
그는 차를 소나타에서 <u>그랜저</u>로 바꿨다.
나는 이 책을 <u>참고서</u>로 삼는다.

우리는 이 결론을 <u>과학적 진리</u>로 여긴다.
나는 그의 농담을 <u>정말</u>로 들었다.

4.1.3.6 기준(Criterion) : 사건에서 비교하거나 측정할 때 참조되는 간접적
객체이다. 그 형태적 표지는 "와/과, 보다, 에, 에게, 에서"를 위주로 한다.

그는 <u>영수</u>보다 탁구를 잘한다.
이 일은 <u>내 능력</u>에 부친다.
이 신발은 <u>내 발</u>에 맞는다.
이 것은 <u>그 것</u>과 어울린다.
어제 <u>회의</u>에 늦었다.
의식은 <u>존재</u>에 뒤떨어진다.
그 강이 아무리 건너가기가 어려워도 <u>의 강</u>에 비기겠니?
내가 아무리 잘한들 <u>너</u>에게 비기겠니?
자네가 아무리 힘이 센들 <u>철수</u>에게 비기겠는가?

4.1.3.7 관계자(About) : 사건에서 동작이나 행위가 관계되는 대상이다.
그중에는 동작이 미치는 대상도 포함되어 있다. 그 형태적 표지는 "에게,
에 있어서, 에 대하여, 에 관하여"를 위주로 한다.

싸우다가 죽을지언정 <u>원수</u>에게 항복하지는 않을 테다.
약속을 지키지 못해서 <u>그들</u>에게 미안하게 되었습니다.
철수가 <u>나</u>에 대하여 적대적이다.
우리들은 <u>그 문제</u>를 놓고 열렬한 토론을 하였다.
그는 <u>연극</u>에 매우 흥미를 가진다.
<u>그들</u>에게 도움이 될 수 있다.
그는 <u>자동차</u>에 부딪쳤다.
이 일은 <u>저 사람</u>과 관계있다.

4.1.3.8 지정(Elative) : 사건에서 주체가 담당하는 역할이다. 그 형태적

표지는 "가/이"를 위주로 한다.

　　그는 <u>단지부서기</u>이다.
　　영철이는 <u>군인</u>이 아닙니다.

　　4.1.3.9 소속(Belonging) : 사건에서 소속관계의 소속부분이다. 그 형태적 표지는 "는/은, 가/이"를 위주로 한다.

　　<u>의 농장</u>은 우리 부대에 속한다.
　　불완전명사에 <u>어떤 것</u>이 있는가?
　　그는 <u>그 책</u>을 가지고 있다.

　　4.1.3.10부분(Part) : 사건에서 부분과 전체관계의 구성부분이다. 그 형태적 표지는 "가/이, 로/으로"를 위주로 한다.

　　그는 <u>키</u>가 크다.
　　성희는 <u>몸</u>이 좋다.
　　잠자리가 <u>날개</u>가 있다.
　　언어체계는 <u>규칙체계</u>와 <u>데이터베이스</u>로 구성되어 있다.

4.2. 차요역할

차요역할은 의미역 체계의 제1층에 속하는데 차용역할, 환경역할과 근유역할 등 3가지 부류를 포함하고 있다.

4.2.1. 환경역할

환경역할은 "범위, 장소, 수량, 경로, 기점, 종점, 시간, 방향, 조건" 등

8개의 의미역을 포함하고 있다.

　4.2.1.1 **범위(Range)** : 사건 주체와 관계되는 범위이다. 그 형태적 표지
는 "에서"를 위주로 한다.

　　　그는 우리 학급에서 공부를 제일 잘한다.
　　　학교에서 그가 키가 제일 크다.
　　　부산은 한국에서 서울에 버금가는 도시다.
　　　너희 학교에서 몇사람이 입대하였나?

　4.2.1.2 **장소(Location)** : 4가지를 포함하고 있다. (1) 사건 주체가 존재
하거나 사라지는 처소이다. 그 형태적 표지는 "에, 에게"를 위주로 한다.
(2) 사건 주체가 참여하는 추상적 처소이다. 그 형태적 표지는 "에"를 위
주로 한다. (3) 사건에서 동작이 직접적으로 미치는 객체가 도달하는 처
소이다. 그 형태적 표지는 "에"를 위주로 한다. (4) 사건이 발생하거나 활
동하는 처소이다. 그 형태적 표지는 "에서"를 위주로 한다.

　　　모자가 옷걸이에 걸려있다.(1)
　　　나에게 있는 책은 이것밖에 없다.(1)
　　　우리는 내일 북경에 가서 회의에 참석하겠습니다.(2)
　　　1999년에 국어학회에 가입했다.(2)
　　　그들은 뜰에 나무를 심었다.(3)
　　　그 책을 서랍에 넣으시오.(3)
　　　운동장에서 달리기를 한다.(4)
　　　도서관에서 책을 본다.(4)

　그밖에 조사 "를/을"도 어떤 경우에 이 의미역을 담당할 수 있다. 예
컨대,

책이 <u>서제</u>를 가득 채우고 있다.(1)
나는 두시간 동안 <u>명동</u>을 헤맸다.(4)

4.2.1.3 수량(Quantity) : 사건에서 관계되는 수량이나 빈도이다. 그 형태적 표지는 "을/를, 가/이"를 위주로 한다.

그는 운동장을 둘러서 <u>세바퀴</u>를 달렸다.
그는 사과를 <u>3개</u>를 먹었다.
그는 <u>세시간</u>을 기다렸다.
책상 위에는 사과가 <u>네개</u>가 있다.

4.2.1.4 경로(Path) : 사건 주체가 이동하여 경과하는 추상적이나 구체적인 처소이다.
그 형태적 표지는 "를/을(거쳐),32) 로/으로"를 위주로 한다.

판문점을 <u>거쳐</u> 서울에 왔다.
우리는 그 <u>다리로</u> 강을 건넜다.
나는 <u>비상계단</u>으로 내려갔다.
잠수함은 <u>물속</u>으로 다닌다.
<u>다리밑</u>으로 걸어오는 친구가 누구야?

4.2.1.5 기점(Start) : 사건이 발생하는 출발 지점이나 시간이다. 그 형태적 표지는 "에서, 로부터/으로부터, 에게서, 부터"를 위주로 한다.

회의는 <u>오후 두시</u>부터 시작하였다.
그는 <u>북경으로</u>부터 상해까지 걸었다.
철수가 <u>서울</u>에서 왔다.

---

32) 우리는 현대한국어에서 어떤 문법개념은 "실사어간＋허사(조사)"인 형식으로 나타낼 수 있고 실사가 허사화 또는 문법화되었다고 본다(필옥덕, 1997).

4.2.1.6 종점(Goal) : 사건이 발생하는 종지 지점이나 시간이다. 그 형태적 표지는 "까지, 에, 에게"를 위주로 한다.

그는 매일 <u>새벽</u>까지 공부했다.
철수가 <u>서울</u>에 도착하였다.
편지는 <u>영수</u>에게 갔다.
이 물건은 여러 사람의 손을 거쳐서 <u>나</u>에게 돌아왔다.

4.2.1.7 방향(Direction) : 사건에서 주체나 객체가 가거나 가리키는 시간적이나 공간적 추세이다. 그중 구체적인 것도 있고 추상적인 것도 있다. 그 형태적 표지는 "로/으로, 에로, 에게로, 에게"를 위주로 한다.

철수는 <u>서울</u>로 출발했다.
애기는 <u>어머니</u>에게로 걸어간다.
동생은 <u>누나</u>에게 돈을 바란다.

4.2.1.8 시간(Time) : 사건이 발생하는 시각이다. 그 형태적 표지는 "에"를 위주로 한다.

기치가 <u>3시10분</u>에 정각으로 역에 도착헸다.
우리는 <u>오후</u>에 만납시다.
<u>오늘</u>은 날씨가 좋습니다.

4.2.1.9 조건(Condition) : 사건이 발생하는 전제 환경이다. 그 형태적 표지는 "에, 에서"를 위주로 한다. 그밖에는 특수한 배합형식도 이 의미역을 담당할 수 있다. 예킨대, (과정)에시, (속)에서, (하)에서, (아래)에서[33] 등이다.

---

33) 각주31을 참고.

이런 큰비에 어딜 갈 수 있나?
옛날에야 밥도 변변히 못먹는 신세에 자식을 어떻게 공부시키는가?
같이 생활하는 과정에서 그들은 깊이 알게 되었다.
이 불볕 더위 속에서 50명의 피서객들이 바다와 산을 찾아나섰다.
이렇게 큰 압력아래에서는 그는 아마도 파산할 것이다.

4.2.2 근유역할

근유역할은 근거, 원인, 정도와 목적 등 4개의 하위 의미역을 포함하고
있다.

4.2.2.1 근거(Base) : 사건이 발생할 때 의거하거나 준수하는 근거이다.
그 형태적 표지는 "대로, 에 의하여, 에 따라, 에 근거하여"를 위주로 한다.

그는 명령대로 그 사람을 서울로 보냈다.
사령관의 지시에 따라 제4사단은 인천에 이동하였다.
그런데 국제법에 의하면 분쟁당사자인 남·북 양측 중 어느 일방이
평화유지군 철수를 요구하면 이를 받아들여야 한다.

4.2.2.2 원인(Reason) : 사건이 발생하는 원유이다. 그 형태적 표지는
"에, 로/으로, 로 인하여, 로 말미암아"를 위주로 한다.

그는 병으로 오지 못했다.
병사들은 야영준비로 인하여 요새는 바삐 보내고 있다.
어젠 감기에 출근하지 못했다.
그는 벅찬 감격에 눈물이 글성글성하였다.

4.2.2.3 목적(Purpose) : 사건이 수행하는 목표이다. 그 형태적 표지는
"를(을), 를(을) 위하여"를 위주로 한다.

자기 부모를 위해 값있는 것을 다 팔았다.
어제 우리는 영화구경을 갔댔다.
우리는 여행을 떠난다.

4.2.2.4 정도(Degree) : 사건에서 동작이나 행위의 도량적 척도이다. 그 형태적 표지는 "로/으로, 를/을, 에"를 위주로 한다.

기차가 정각으로 도착했다.
며칠 내에 완성할 수 있어?
임무는 3일내에 완성할 수 있다.

4.2.3. 차용역할

차용역할은 도구, 재료, 방식과 자격 등 4개의 하위 의미역을 포함하고 있다.

4.2.3.1 도구(Instrument) : 사건에서 사용되는 기구이다. 그중에는 추상적인 것도 포함되어 있다. 그 형태적 표지는 "로/으로(써)"를 위주로 한다.

학생들은 만년필로 글을 쓴다.
영웅한 전사들은 자기의 몸으로 홍수를 막았다.
그들은 바리케이트로 앞길을 막았다.

4.2.3.2 재료(Material) : 사건에서 사용되는 원료나 소호되는 물자이다. 그 형태적 표지는 "로/으로(써)"를 위주로 한다.

어머님은 쌀로 밥을 짓었다.
돈으로 책을 샀다.34)

---

34) 董振東(2000)은 이를 "대가(cast)"라 부른다.

승리는 <u>전우들의 생명</u>으로 얻은 것이다.

"도구"와 "재료"의 구별은 다음과 같다. 원래의 물품이 변하지 않는 것은 "도구"이고 형태가 변한 것은 "재료"이다. "재료"는 사건에서 새로운 물질 형태로 전환된다. "쌀"은 "밥"으로 되고 "돈"은 "책"으로 바뀌어진다. 동시에 추상적인 재료도 있다. 예컨대, "가득차다, 차다, 넘치다"등 동사구문에서의 "NP-에"구조의 NP가 바로 이것이다.

그는 <u>감격</u>에 찬 어조로 말했다.
<u>기쁨</u>에 넘치는 노래소리가 들려온다.

4.2.3.3 방식(Manner) : 사건에서 동작이나 행위가 수행하는 방법과 형식이다. 그 형태적 표지는 "로/으로, 에,처럼"을 위주로 한다.

적들은 <u>홍수</u>처럼 몰려왔다.
우리는 <u>특별급행열차</u>에 왔다.
마을사람들은 이제 <u>수도물</u>에 빨래하게 되었다.

4.2.3.4. 자격(Appraiser) : 사건 주체가 수행하는 역할이다. 그 형태적 표지는 "로/으로(서),에"를 위주로 한다.

그는 <u>국가주석</u>으로 유엔대회에 참석하였다.
그는 <u>학생의 대표</u>로 이번 회의에 참석하였다.
<u>반장</u>에 철수가 취임했다.

제4장 동사 의미분류체계의 구축

전통적 뜻풀이는 문자로 기술하거나 설명하는 방식을 취하고 있다. 예컨대, ≪국어사전≫에서는 동사 "사다"와 "먹다"에 대해 다음과 같이 해석하고 있다.

사다 [동](타) ①(어떤 물건을) 값을 치르고 자기 것으로 가지다. ¶
　　　문방구점에서 연필을 ~ / 시장에 가서 쌀을 ~. ↔팔다
　　　②(사람이 어떤 사람을) 논을 주고 몸으로 하는 어떤 일을 일정
　　　한 곳에서 온전히 하게 하다. ¶ 사람을 사서 짐을 나르다.

보내다[동](타) ①(사람이 어떤 물건이나 물질 등을) 일정한 수단이나
　　　방법으로 한 곳에서 다른 곳으로 가게 하다. 발송하다. ¶ 돈을
　　　시골에 우편으로 ~ / 애인에게 꽃을 ~ / 방송국에서 전국에
　　　전파를 ~.
　　　②(사람이 어떤 사람이나 그 사람이 탄 차 따위를) 한 곳에서
　　　다른 곳으로 움직여 가게 하다. ¶ 사고 현장에 급히 구급차를
　　　~ / 도착 시간에 맞추어 버스 터미널에 사람을 ~.

먹다[-따][동](타) ①(사람이나 동물이 음식이나 먹이를) 입에 넣고
　　　씹은 뒤에, 또는 씹지 않고 곧바로, 목구멍으로 넘겨 뱃속에 들

여보내다. ¶ 밥을 ~ / 물을 ~ / 아기가 젖을 ~ / 송충이가
솔잎을 ~. 높임말 잡수다·잡수시다·잡숫다·자시다.

이러한 설명적인 기술은 사람에게는 이해되기 쉽지만 기계(컴퓨터)에는
적응되지 못한다. 또 문제로 되는 것은 이렇게 기술하는데는 순환적 논증
상의 논리적 오류가 있다. 만약 B로 A를 해석하고 C로 B를 해석한다면 A
는 다시 C로 해석할 가능성이 있다는 것이다. 마치 사람이 지구에서 줄곧
한 쪽으로 가는 것처럼 최종적으로는 기점으로 되돌아올 것이다. 마찬가
지로 어휘의 해석에 있어서, 전통적 해석법에는 원시적 요소가 결여되어
있기에 도출할 수 있는 체계를 이룰 수 없다. 그러나 속성기술의 방법은
그렇지 않다. 속성값은 의미역 등과 같은 문장 체계의 원시적 요소들을
포함하고 있기 때문에 기술상으로 볼 때 더욱 명확하고 똑똑하며 좋은 논
리성과 조작성을 지니고 있다. 이는 현대언어학연구의 새 사상에 어울린
다. 이 사상은 동사의 성질이 동사와 해당 명사 사이의 의미관계에 딸려
있는 기본 원칙을 기반하는 것이다. 두 가지 방법의 차이는 다음과 같다.
전자는 사람을 향하는 것이기에 제한성이 있고, 후자는 기계(컴퓨터처리)를
향하는 것이기에 엄격한 도출과정과 함께 조작성이 강하고 체계적이다.

제1절 동사 의미분류에 대하여

총적으로 볼 때, 자연언어의 의미체계는 틀 구조를 가지는 개념체계이
다. 어휘의미의 개념적 표상체계는 일반적으로 개념사전 혹은 연상사전으
로 구현되고 있다. 그러나 ≪국어사전≫이나 ≪우리말사전≫과 같은 해석
성 사전은 어휘풀이만 하되 어휘사이의 개념적 관계를 옆에 두고 있다.
뿐만 아니라 앞에서 지적한 바와 같이 이런 사전에는 논리적으로 순환적

인 해석의 가능성이 있다. 개념사전은 어휘개념분류사전인데 어휘가 표현하는 각 개념 사이의 본체론적 관계(ontological relation)를 반영하고 있다. 개념은 추상과 구체의 구분이 있다. 이러한 개념적 관계에 대한 파악은 어휘의미를 분류하여 기술하는 기반이다. 어휘의미연구의 발전의 최고 수준은 개념등치율(law of equivalence of concept)에 의해 지배된다. 개념등치율의 기반을 구성하는 도식(圖式)은 지도로 비겨질 수 있다. 각각의 개념은 동격체계(coordination system)[35]대로 자리잡아진다. 이렇다면 서로 다른 현실적 분야에 사용하고 추상적으로 비교할 수 있는 두 개념(예컨대, 동물과 식물)은 경도(Longitude)가 다르고 위도(latitude)가 같다고 이해할 수 있다. 개념마다 특성(자질)을 기술하기 위해서 개념을 객관성을 대표하는 내용과 내용을 요해하는 사유활동 두 개의 연속체(continuum) 안에 넣어야 한다. 두 연속체의 교차는 특정 개념과 다른 개념(동격개념, 상위개념과 하위개념) 사이의 모든 관계를 결정해주고 있다. 전체 개념체계에서는 한 개념의 위치를 그 개념의 개괄도(measure of generality)라 한다. 개념의 개괄도는 각종 개념사전의 구축 원칙이기도 하고 어휘의미 구분의 양화(量化) 기준이기도 하다.

　문장은 술어화 즉 명제를 창립하는 행위를 통해서 자신의 의미를 실현하는 것이다. 술어화연산(조작)은 인지적 연산이기도 하고 그 결과는 명제구조를 술어동사와 논항을 분해하는 것이다. 술어동사는 명제구조의 주요 성분 혹은 지배성분이고 문장의 양태성분은 다 동사에 반영되어 있다. 논항구조(항가구조)의 논항(명사어)의 수량과 유형은 동사의 부동한 성질에 의해 결정된다. 반대로 특정한 구조에서의 명사의 종류에 근거하여 부동한 구조에서의 동사의 성질과 유형을 확립할 수 있게 된다. 동사가 지배하는 성분의 수량에 따라 동사는 1항동사, 2항동사, 3항동사 등으로 나누어질 수 있다는 것은 이미 지적한 바이다. 이것은 바로 L.Tesnier의 의존문법과

---

35) 세계지도의 경(經)과 위(緯)에 해당된다.

G.Helbig의 항가문법이 동사를 정량적으로 분석하고 분류하는 방법이다. 필자는 Fillmore의 의미격 분석을 동참하여 연구하면 자연언어의 동사에 대하여 정량(定量)과 정성(定性) 두 측면에서 전반적인 의미적 기술을 할 수 있을 것이라고 본다. 그래서 동사 분류는 다음과 같은 두 가지의 방법으로 할 수 있다. 하나는 동사의 항가의 수량에 따른 것인데 동사와 명사의 배합형식과 동사의 유형을 결합하여 구조적 분석을 한다. 또 하나는 동사의 항가의 종류에 따른 것이다. 논항구조이론은 동사와 명사 사이의 의미관계에 근거하여 동사를 분류하는 방법을 중요시한다. 즉 항가의 종류에 따라 동사를 분류하는 것이다. 항가의 종류에 따른 분류는 대체적이고 세밀하지 못하며 동사가 지배하는 의미성분의 수량만을 밝힐 수 있다. 그러나 동사가 지배하는 의미성분의 성질을 밝혀낼 필요가 있다. 그래서 어떤 학자는 항가분류의 기초에서 다시 세분한 연구를 한다. 동사의 성질은 동사가 지배하는 의미성분[36]의 수량과 성질을 결정할 뿐만 아니라 의미성분이 통사구조에서의 투사위치를 제약하기도 한다. 문장의 통사구조와 의미구조에 대한 이런 제약 능력은 바로 동사의 통사의미자질의 집중적 구현이다. 분석과정에서 볼 때, 일정한 통사적 모듈은 의미를 일정하게 제약하고 한 통사적 모듈 내부의 각 구성성분의 의미유형은 서로 연계되고 서로 설명된다. 한 통사적 모듈에서는 동사가 핵심적 역할을 하고 동사의 의미와 기타 구성성분의 의미유형과의 관계가 더욱 긴밀하다. 다시말하면 한 통사적 모듈의 동사의미는 동사의 각 구성성분의 의미유형의 총합(즉 의미자질의 집합)으로 결정되는 것이다. 그래서 동사의 통사의미자질을 찾으려면 동사자체에서 찾을 필요가 없고 동사가 들어있는 각종 통사적 모듈을 연구하면 된다. 통사적 모듈에서의 가능한 배합성분과 배합성분의 의미적 유형을 연구한다는 것이다. 그렇기 때문에 동사 분류 연구는 의미역과 결합하여 해야 하고 통사의 의미결합관계 틀에서 연구해

---

36) 여기서 의미성분은 핵심성분와 비핵심성분을 포함한다. 이미 지적한 듯이 핵심성분은 문장의 의미구조를 표현하는데 주도적 역할을 한다(제2장 참조).

야 한다. 사실상 의미성분의 수량은 동사분류의 계층성으로 결정되어 있고 동사 분류체계와 의미역 체계는 긴밀히 연계되어 있다는 것이다.

동사의 의미분류가 중요하기는 하지만 정보의 미립(granule)이 큰 정보만 얻을 수 있고 정보처리의 요구에 완전히 만족하지 못한다. 어휘의 개성(Individual character)은 독특하여 같은 의미부류에 있는 어휘라도 그 내부 속성과 배합적 요구가 큰 차이를 보인다. 의미분류는 해석상의 충분성에만 만족할 수 있지만 해석상의 충분성에 만족할 수 없다. 그리하여 성능이 좋고 정확성이 높은 자연언어처리 체계를 보장하기 위해 의미사전을 개발할 때 의미분류의 기초에서 속성기술의 방법으로 매개의 동사(동사의 의미항까지)와 그와 연계된 명사 사이의 의미결합관계를 연구해야 한다(俞士汶, 2000 ; 林杏光, 1999). 다시말하면 연구목적은 정보처리를 지향하는 의미분류기술체계를 구축하는 것이다.

의미기술체계는 개념범주와 의미범주의 심리현실성(psychological reality)을 반영해야 할 뿐만 아니라 연산성(computability)도 가져야 한다. 자연언어처리 시스템을 개발하려면 우선 상당한 해석력을 가지고 인류 심리현실성을 부합하는 의미기술체계를 구축해야 한다. 의미기술체계를 구축하는 전제는 한 언어가 구현하는 각종 개념 사이의 의미 제약 기제를 건립해야 한다. 어휘를 기준으로 통계적 방법으로 어휘와 문법이 상호 작용하는 관점을 건지하여 자연언어의 의미기술체계를 구축하는 것은 오늘의 전산언어학 연구발전의 추세라 여겨진다.

분류는 인류가 사물의 특징을 인식하는 한가지 수단이며 인류가 사물을 인식한 결과이다. 분류학은 오늘날까지 발전해오면서 경험과 본 학과의 전문지식을 거의 다 의지하는 정성적 분류, 그리고 수학적 방법으로 더욱 과학적으로 분류하는 수치분류학 두 단계를 겪었다. 분류학은 인류가 세계를 인식하는 한 기초 학과로 되고 있다. 학과마다 부류 구분 문제와 부류 귀속 문제가 있다. 분류의 기본 요구는 중복없음(서로 배척함), 빠짐없음(최대액)과 혼잡하지 않음(통일적 표준) 등이다(林杏光, 1999 : 346).

제2절 동사 의미분류의 선행연구에 대한 고찰

동사분류는 의미론연구의 이론문제일 뿐만 아니라 전산언어학과 자연언어처리 연구의 초점문제이기도 하다. Chomsky(1992)는 ≪최소주의이론≫에서 "동사 의미적 내용의 각 계층에 대한 연구와 기술에 있어서 오늘까지 가장 적절한 방법 여전히 분류법이다."고 지적하고 있다. 이 연구에 대한 논의를 위해서는 기존의 다양한 연구들을 검토해보는 것이 필요하다. 기존 연구들을 정리하고 자연언어처리를 지향하는 동사 의미분류 연구를 제기하겠다.

영어에서는 WordNet 를 우선 언급해야 할 것 같다. WordNet 는 영어뿐만 아니라 다른 언어에 도입되어 연구를 많이 하고 있다. EuroNet 등이 그 전형적 예이다. WordNet는 의미사전이라고 할 수도 있다. 사물성 명사 뿐만 아니라 서술성 동사도 포함하고 있다. WordNet에는 21,000개의 동사가 수록되어 있다. 이들 동사는 15개 부류로 나누어 8,400개의 동의어집합(synset)으로 이루어진다. 분류 계층은 평균 4층이고 최고 6층이다.

한국어학계에서는 동사분류와 관련하여 많은 연구성과를 거두었다. 우선 이론언어학적으로, 이정민(2000)은 "상태변화 및 창조동사의 의미구조"에서 상태변화동사의 특징과 기술에 대하여, 창조동사의 의미자질과 하위분류에 대하여, 장소이동동사에 대해 동사구문의 필수성분 "에/로"의 분포에 대하여 각각 논의하였다. 그는 "창조동사"를 하위분류로 "만들다"류, "끓이다"류, "가꾸다"류, "뚫다"류를 귀납하였고 그들의 사건구조, 논항구조, 격틀구조 및 특질구조에 대해 분별있게 분석하였다. 남승호(2000)는 이동동사의 논항구조의 유형과 사건구조에 대해 논의하였다. 그는 이동동사와 결합하는 논항의 유형에 따라 [행위주―착점/방향], [행위주―기점], [행위주―경로], [행위주―대상―착점/방향], [행위주―대상―기점],

[행위주-대상] 등 6가지의 유형을 귀납해냈다.

전산언어학계에서는 수많은 학자들이 언어정보처리의 차원에서 한국어 동사 분류 체계를 많이 연구하였다.

최기선 외(1996, 1997)는 ≪국어 정보처리 기반 기초작업 연구≫에서 한국어 동사의 기본 문형이 근거하여 우선 동사를 13가지의 부류를 나누고 주어와 목적어의 의미역에 근거하여 다시 세분하여 34가지 하위분류체계를 세웠을 뿐만 아니라 각 부류를 코드화하였다. 그 분류결과는 아래의 도표4-1와 같다.

도표 4-1 : 동사의 분류

	표층코드	심층코드	심　　　충　　　격
自 動 詞	VI10	VI10A	주어 : Agent
		VI10E	주어 : Experiencer
		VI10P	주어 : Patient
		VI10T	주어 : Theme
	VI30	VI30A	주어 : Agent
		VI30E	주어 : Experiencer
		VI30P	주어 : Patient
		VI30T	주어 : Theme
	VI31	VI30A	주어 : Agent
		VI30P	주어 : Patient
		VI30T	주어 : Thcmc
	V132	V132A	주어 : Agent
		V132T	주어 : Theme
	V141	V141ET	주어 : Experiencer, 주어 : Theme, 공동격 : Comitative
	V142	V142ET	주어 : Experiencer, 주어 : Theme, 공동격 : Comitative
他 動 詞	VT10	VT10AP	주어 : Agent, 목적어 : Patient
		VT10AT	주어 : Agent, 목적어 : Theme
		VT10ET	주어 : Experiencer,목적어 : Theme
		VT10PT	주어 : Patient, 목적어 : Theme
		VT10TT	주어 : Theme, 목적어 : Theme
	VT20	VT20AP	주어 : Agent, 목적어 : Patient, 공동격 : Comitative
		VP20AT	주어 : Agent, 목적어 : Theme, 공동격 : Comitative

	표층코드	심층코드	심 층 격
他 動 詞	VT21	VT21AT	주어 : Agent, 목적어 : Patient, 공동격 : Comitative
	VT30	VT30AP	주어 : Agent, 목적어 : Patient
		VT30AT	주어 : Agent, 목적어 : Theme
		VT30ET	주어 : Experiencer, 목적어 : Theme
		VT30PT	주어 : Patient, 목적어 : Theme
		VT30TT	주어 : Theme, 목적어 : Theme
	VT31	VT31AP	주어 : Agent, 목적어 : Patient
		VT31AT	주어 : Agent, 목적어 : Theme
	VT32	VT32AP	주어 : Agent, 목적어 : Patient
		VT32AT	주어 : Agent, 목적어 : Theme

김민수(1980)가 제출한 용언(동사와 형용사)분류법에 근거하여 [±상태], [±동작], [±변화], [±적극성], [±사역], [±동주성], [±피동] 등 7가지 특성에 따라 용언의 의미분류체계를 초보적으로 시도한 적이 있었다(필옥덕, 1996a).

"21세기 세종계획"은 1998년부터 동사의 체계적인 분류 문제를 논의하였고 동사분류와 관련된 제반 문제도 논의하였는데 분류의 의의, 분류의 원칙과 방법 등이고 WordNet의 분류 체계를 분석했다.

본문에서는 언어통합의 차원에서 동사분류를 연구하고 언어정보처리를 지향하는 동사분류체계를 구축하고저 한다. 이상의 연구는 비록 차원이 다르지만 본 연구에 있어서 참고할 가치가 있다고 생각한다.

제3절 동사 의미분류의 원칙과 작업모듈

3.1. 분류원칙

현대한국어 동사 의미분류체계의 과학성과 완비성을 보장하기 위해서는 다음과 같은 원칙을 세우고 분류의 근거로 삼는다.[37]

A. 인지원칙：분류는 인류가 사물의 특징을 인식하는 한가지 수단이며 인류가 사물을 인식한 결과이다. 이 뜻에서 분류는 주관적 색채를 지닐 것이라 설명된다. 인식의 부단한 심화에 따라 분류에 변화가 나타날 것은 어찌할 수 없는 것이다. 필자는 운동류개념을 상태, 관계와 행위 등 세 부분으로 나누는 것이 타당하다고 본다. 이런 첫 차원의 분류는 인간이 인지하는 객관세계를 반영하고 있다. 분류는 세분하면 기술이 구체적인 추세를 보이고 반대로 추상화된다. 가장 추상적인 것은 운동개념이고 가장 구체적인 것은 하나하나의 동사어휘의 의미항이다.

"추상과 구체"는 아주 보편적인 한 쌍의 속성이다. 앞에서 분석한 바와 같이 동사 의미분류는 의미역 설정과 마찬가지로 끝끼지 세분해 나가면 동사어휘의 의미항인 것이다. 분류가 너무 추상저이면 이헤하기 어렵게 되고 너무 구체적이면 복잡해지고 파악하기 어렵게 된다. "추상과 구체"의 관계는 의미역 체계의 구축에서든지 동사 의미분류체계의 구축에서든지 충분히 이용되고 있다. Dowty는 의미역을 두 개의 역할로 귀납하여 전형이란 개념을 제출하였는데 의미역의 이산성을 인식하게 된다고 보고 긍정할만한 것이다. 논항의 의미자질에 근거하여 의미역을 세분하면 최종 결과가 매개이 명사 개념은 하나의 역할을 표시할 수밖에 없는 것으로

---

37) 본문에서의 연구대상은 현대한국어동사를 한정하여 형용사를 제외하고 있다. 광의적인 범위에서 동사를 형용사를 포함하여 말하는 사람도 있다.

될 것이다. 그래서 의미역 체계와 동사 의미분류체계를 구축하는 것은 "추상과 구체"란 관계를 충분히 파악하고 사용하고 목적을 향해 진행해야 한다고 주장한다. 본 연구의 목적은 언어정보처리를 지향하는 것이다. 이런 목적에서 체계의 조작성을 중시해야 하고 분류는 너무 추상적이지도 않고 또한 너무 복잡해서도 안된다.

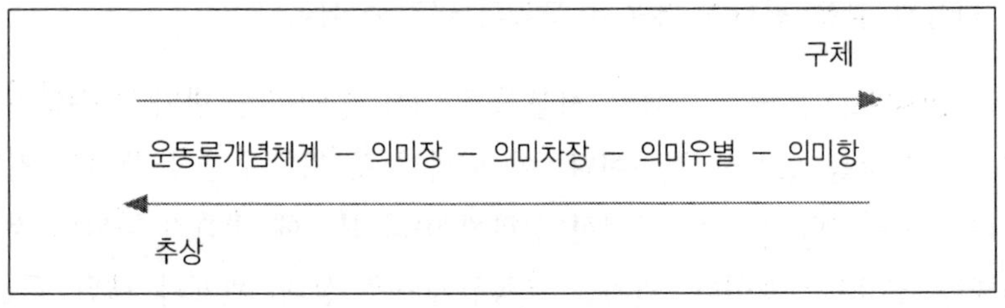

인지원칙은 동사의 의미자질의 정의와 동사 의미유형을 판단에 적용되기도 한다. 예컨대, 알림류/전파류 동사가 인지동사인지 물리동사인지 그리고 급여류/획득류 동사가 물리동사인지 관계동사인지 검증하는 데 있어서 학술계에서는 통일적 관점을 보이지 않고 있다. 여기에는 인지 상의 선택이 필요하다. 본문에서는 알림류/전파류 동사를 인지동사가 아니라 물리동사로, 급여류/획득류 동사를 관계동사가 아니라 물리동사로 인정한다.38)

B. 결합관계 원칙 : 본문에서는 의미결합관계 틀39)에서 동사분류를 논의

---

38) "제5장"의 해당 해석을 참고하기 바란다. 董振東은 "知网(HowNet)"에서 "급여\획득"류 동사를 "變領屬"(소속관계를 개변시킴) 관계동사로 인정한다.

39) 의미결합관계 틀은 문장의 각 구성성분이 의미적인 결합관계가 나타내는 구조형식을 말한다. 이 구조형식은 의미구조라 한다. 문장의 각 구성성분은 이 구조에서 역할을 담당하고 있다. 동사의 의미자질은 동사의 성질의 양적 표현형식이다. 그래서 동사의 의미자질은 의미구조에서의 의미 역할의 수량과 성질을 결정하고 있다. 이는 어떤 의미자질을 지니는 의미성분이 해당 의미역을 담당하고 의미결합관계 틀에 들어갈 수 있는가를 결정한다.

한다. 이것은 바로 동사의 주요 통사의미자질에 따라 전체 동사체계의 분류 tree를 도출하는 방법이다. 이 tree의 계층은 동사의 통사의미적 특성에 딸려있다. 언어유형학의 차원에서 볼 때 한국어는 SOV형 언어에 속한다. S와 O에 해당하는 논항의 성질(예컨대, 적극성과 변화성 등)은 동사의 성질에 결정되어 있다. 그들은 간접적으로 동사의 성질을 반영해 주고 논항으로 나타나게 된다. 다시말하면 주체와 객체의 모든 속성은 술어동사가 요구하는 것이고 동사의 성질의 간접적인 반영이다.

본문에서는 동사의 의미자질집합으로 동사개념의 의미분류tree를 만들어내고 이를 기초하여 각 부류를 귀납하고 정리하여 의미장이란 개념을 차용하여 현대 한국어 동사의 4차원 의미분류체계를 구축한다. 동사 의미분류체계의 4차원은 의미장, 의미차장, 어휘─의미군과 의미유형이다. 물론 각 장(field)의 분포는 절대적으로 균형적이 아니다. 동사의 의미자질집합은 동사 의미분류의 세분정도를 결정하고 있다 말할 수 있다.

동사의 어느 성질을 따라 구체적 동사류(예컨대, 심리동사, 성상동사, 관계동사 등)를 구분해낼 수 있지만 체계적인 분류가 아니다. 필자는 동사를 하나의 체계에 놓고 계통학의 차원에서 그의 통사의미자질(통사기능, 의미기능을 포함)을 고찰한다고 주장한다. 언어통합이론을 기반하는 언어기술은 동사의 의미분류의 범주를 분석하고 연구하여 구체적인 동사 의미분류의 계층과 의미구소의 모듈을 구축함으로써 동사의 연구에 들어가서 부분으로부터 전체까지 하는 식으로 언어체계의 본질을 인식하고 파악한다는 것이다.

C. **말충치원칙** : 본문에서의 1차원의 자료는 사전에서 나온 것이다. 사전에서의 동사에 대한 해석은 비록 인간을 위한 것이지만 동사의 통사의미자질을 판별하는데 유용하다고 본다. 사전은 사람들이 장기간에 현실언어를 분석하고 귀납한 결과이다. 이는 말뭉치 원칙과 완전히 어울린다. 동시에 "21세기 세종계획"이 1998년도 제출한 기본 동사 목록과 말뭉치를

의거하기도 한다. 본문에서의 실례(實例)도 주로 이상 두 가지 자원에서 나온다.

본문에서는 우선 "21세기 세종계획"이 제출한 기본 동사어휘목록을 기초로 하여 최종적으로 2893개의 동사를 연구대상으로 삼는다. 그리고 그들의 기본 의미항을 기준으로 하여 이론적 차원에서 동사의 의미분류를 탐구하려고 한다. 그러나 언어공학의 차원에서 동사의 모든 의미항을 분류하고 기술해야 한다. 동사의 선택은 동사 원형을 기준으로 하여 피동형을 제외하고 있다. 그것은 피동구문에서 통사성분의 의미역이 주동구문에서과 마찬가지로 변화가 없기 때문이다. "그는 사과를 먹었다"와 "사과는 그에게 먹혔다." 두 문장은 하나가 주동구문이고 하나가 피동구문이다. 두 문장에서의 두 가지 통사성분은 비록 형태가 각각 다르지만 의미구조가 완전히 같다고 볼 수 있다. 그러나 "걸리다, 연결되다"와 같은 동사는 어원적으로 "걸다, 연결하다"의 피동형이지만 언어의 변천과정에서 독립적으로 쓰이도록 자동사로 굳어졌기 때문에 본문의 선택범위 안에 들어가게 된다. 어떤 동사가 원형이고 어떤 동사가 변형인가에 대해 사전을 주로 근거하고 있다.

구체적으로 동사분류를 다룰 때 다음과 같은 3가지 원칙을 따른다.

1) 계층성 원칙 : 하나의 체계는 계층이 선명한 특징이 있다고 본다. 본문에서는 의미장이론을 근거하고 동사의 특성을 결합하여 동사 의미체계를 4계층으로 나눈다. 이것은 바로 의미장, 의미차장, 어휘의미군과 의미유형이다.

2) 전체성 원칙 : 계층마다 그 성원 사이는 분포 상 서로 보충적이다. 한 부류의 하위개념의 집합은 그의 내포의미와 일치하다. 동사의 한 부류(의미장이든지 의미차장이든지 어휘의미군이든지)에 있어서 그 하위부류 성원의 집합은 그 부류와 대등해야 하고 하나라도 빠지면 안된다. 그들 사이의 추리 문제를 탐구하면 각 성원 사이의 의미관계를 밝히는데 유용하다. 만

약 그 가운데의 한 성원을 정한다면 기타 성원들은 추리에 따라 도출될 수 있다. 의미 하위부류를 밝혀내는 것은 "1/2＋1/4＋1/4＝1"과 같이 간단하고 분명하지 못한다. 동사 의미의 하위부류를 밝혀내려면 대규모 말뭉치를 관할하고 분석귀납해야 판단할 수 있다. 동시에 연구자의 관점에 따라 차이가 보이게 된다. 어떤 학자는 동사를 "상태, 관계, 행위와 과정" 등으로 나누는 것이 타당하다, 어떤 학자는 동사를 "상태, 관계, 변화와 행위" 등으로 나누는 것이 타당하다 주장하지만 본문에서는 동사 의미개념을 "상태, 관계와 행위"로 3분한다.

3) **유사성 원칙** : 우리는 통계적 차원에서 언어현실을 정량화하여 귀납분류의 관점에 따라 비교의 기초에서 분포상의 유사성 원칙을 연구대상을 한차원 큰 부류로 집성한다. 우선 의미가 유사한 동사 의미항들을 한 군데 모아 한 의미유별로 묶이고 그 다음에 의미가 유사한 의미유별들을 한군데 모아 한 어휘의미군으로 묶이고 그 다음에 의미가 유사한 어휘의미군들을 한데 모아 한 의미차장으로 묶이고 그 다음에 의미가 유사한 의미차장들을 한데 모아 한 의미장으로 묶일 수 있다. 최종적으로 의미장들은 모든 동사체계를 이루게 된다.

우리가 선택할 수 있는 동사는 제한되어 있기에 동사의 범위가 넓어짐에 따라 의미분류체계에 변화가 일어날 수 있다. 동시에 연구의 계속적인 심입(深入)에 따라 의미분류체계도 부단히 완비해질 것이다.

3.2. 작업모듈

언어연구의 기본요구에 있어서 사람들은 Chomsky가 제출한 3가지 "충분성"을 접수하고 인증해주고 있다. 3가지 "충분성"은 관찰의 충분성, 기술의 충분성과 해석의 충분성을 가리킨다. 본문에서 우리는 상술한 이 세 가지 "충분성"을 준수하면서 다음과 같은 작업모듈을 제정한다.

■**관찰 계층** : 체계적 자료를 수집하는데 비중을 두고 자료와 그 관계 형태 사이의 계층적 관계를 탐구하고 통계와 정리를 거쳐 초보적으로 분류하는 것이며 통계학적 뜻에서의 실용주의 원칙에 따라 3000개나 되는 동사를 관찰하고 이들 동사의 기본 의미항과 그 예문을 얻어내고 초보적으로 분류한다.

■**기술 계층** : 일정한 규모의 말뭉치(3000개나 된 동사의 통사정보와 의미정보, 예문 등)를 질서있고 정밀하고 엄밀하게 분석하고 기술한다. 구체적으로 말하면 이는 말뭉치를 분류하는 조작원칙, 부류와 부류 사이의 교차중첩 현상을 판단하는 조작 원칙 그리고 기술표준의 일치성, 술어의 단일성과 절차의 가조작성을 일컫는다. 본문에서는 동사 의미항을 통사의미적으로 통합적인 분석을 한다.

■**해석 계층** : 관찰하고 기술하는 언어사실을 유효성이 있게 해석하는 것이다. 다시말하면 각 계층의 언어단위 사이의 개념정보, 의미정보와 문법정보(심지어 화용정보)를 충분히 기술함으로써 의미코드의 해석력을 증강한다. 여기서 우리는 사람의 주관적 내성(內省)과 직관적 판단의 역할을 경시하면 안된다. 언어의 내재적 규칙에 대한 감성적 인식을 쌓는데 주의해야 할 뿐만 아니라 기술상에서의 조작할 수 있는 형식화 기준을 장악하는데 노력해야 한다.

제4절 동사 의미분류 트리(Tree)의 도출 과정

한국어 동사의 의미분류는 동사 의미결합관계의 틀 안에서 진행된다. 우리는 동사의 기본적 의미자질에 따라 체계적으로 분류하면서 동사 체계의 의미분류 트리(tree)를 얻어낼 수 있다. 이 의미분류 트리는 그 층위

가 동사의 의미자질에 딸려 있다. 본문에서 선정된 동사의 의미자질 집합
은 다음과 같다.

±정태성(stativity)	±관계성(relativity)	±소유성(possessive)
±포함성(part-whole)	±시비성(isnot)	±물리성(physical)
±심리성(mentality)	±존재성(existent)	±사역성(causation)
±타동성(transitivity)	±참여성(participant)	±추세성(tendancy)
±상호성(reciprocity)	±제어성(control)	±적극성(positivity)
±변화성(variability)	±과정성(process)	±개변성(changeability)
±수혜성(benifactive)	±결과성(result)	±물질성(matter)
±방향성(direction)	±정보성(information)	

이상 의미자질집합에는 23가지의 의미자질을 포함되어 있는데 어떤 의
미자질은 동사 자체의 직접적인 반영이고 어떤 의미자질은 동사와 의미
적으로 관계되는 주체와 객체를 통해 간접적으로 반영되어 있다. 그렇지
만 주체와 객체가 문장에서 구현되는 모든 속성 또는 자질은 술어동사가
요구하는 것인데 동사 성질의 간접적인 반영이다.

4.1. 의미자질에 대한 해석

[±정태성(stativity)] : 동사가 정태적인 것인가 동태적인 것인가를 일컫
는다.

    a. 어느날 밤이나 그가 옆에 있었다.
    b. 그녀는 아이의 볼기짝을 찰싹 때렸다.

예문 a에서는 동사"있다"가 존재의 뜻을 나타내는데 주체 "그"가 물리
적인 공간인 "옆"에 존재하는 것을 기술하고 있다. 그래서 동사 "있다"가

[정태성]의미자질을 띠고 있다. 그러나, 예문b에서는 동사 "때리다"가 동작을 나타내는데 "그녀"와 "아이의 볼기짝" 사이에 명확한 행위—수동 관계가 존재되어 동태적인 것임은 분명하여 [정태성]의미자질을 띠고 있지 않는다.

[±관계성(relativity)] : 동사가 사건에서의 두 사물들을 관계시키는가를 일컫는다.

    a. 이 글은 그런 내용도 포함하고 있다.
    b. 지하실에 고인 물을 퍼 냈다.

예문 a에서는 동사 "포함하다"가 포함의 뜻을 나타내는데 "이 글"과 "내용"사이에 "포함관계"를 맺게 하기에 [관계성]의미자질을 띠고 있다. 그러나 예문 b에서는 동사 "퍼내다"가 동작을 나타내지만 동태적이어서 [관계성]의미자질을 띠고 있지 않는다.

[±소유성(possessive)] : 동사가 사건에서의 두 사물 사이에 소속관계를 맺게 할 수 있는가를 말한다.

    a. 이러한 문화는 폐배적 사조를 띤다.
    b. 그는 아버지를 닮았다.

예문 a에서 동사 "띠다"가 "구비하다"의 뜻을 나타내는데 "문화"와 "시조" 사이에 "소속관계"를 맺게 하였으니 [소유성]의미자질을 띠고 있다. 그러나 예문 b에서 동사 "닮다"가 관계의 뜻을 나타내지만 [소유성]의미자질을 띠고 있지 않는다.

[±포함성(part-whole)] : 동사가 사건에서의 두 사물 사이에 전체와 부분

의 관계를 맺게 할 수 있는가를 말한다.

> a. 책상은 네 다리가 있다.
> b. 이 책은 낭만주의적 색채를 가진다.

예문 a에서 동사 "있다"가 "책상"과 "네 다리" 사이에 "부분과 전체의 관계"를 맺게 하였으니 [포함성]의미자질을 띠고 있다. 그러나 예문 b에서 동사 "가지다"가 관계를 나타내기도 하지만 [포함성]의미자질을 띠지 않고 [소유성]의미자질을 띠고 있다.

[±시비(isnot)] : 동사가 사건에서의 두 사물 사이에 시비관계를 맺게 하는가를 말한다.

> a. 나는 왕철이라고 부른다.
> b. 낙양은 북경에서 많이 떨어진다.

예문 a에서 동사 "부르다"가 칭호의 뜻을 나나태는데 "나"와 "왕철" 사이에 "대등관계"를 맺게 하였으니 [시비성]의미자질을 띠고 있다. 그러나 예문 b에서 동사 "떨이지다기 "낙양"과 "북경" 사이에 관련 관계를 맺게 하였으니 [시비성]의미자질을 띠고 있지 않다.

[±물리성(physical)] 동사가 나타내는 상태가 물리상태나 물리활동인가 정신상태나 정신상태인가를 말한다. 그래서 정태동사와 동태동사는 모두 이 의미자질을 띨 가능성이 있다.

> a. 북경은 중국의 중부에 자리잡고 있다.
> b. 경찰은 그 놈을 사로잡았다.
> c. 진호는 꽃을 좋아한다.
> d. 나는 방사능에 오염되어 태어난 아기를 상상하면 끔찍하다.

예문a에서 동사"자리잡다"가 주체인 "북경"의 물리적 존재상태를 구현해주니 [물리성]의미자질을 띠고 있다. 예문 b에서 동사"사로잡다"가 주체인 "경찰"이 객체인 "그 놈"에게 수행하는 물리적 작용을 나타내니 [물리성]의미자질을 띠고 있다.

그러나 예문 c에서 동사"사랑하다"는 주체인 "진호"가 객체인 "꽃"에 보여주는 태도를 나타내기에 [심리성]의미자질을 띠고 있다. 예문 d에서 동사"상상하다"는 주체인 "나"가 객체인 "아기"에게 보여주는 인지적 행위를 나타내기에 [심리성]의미자질을 띠고 있지만 [물리성]의미자질을 띠고 있지 않다.

[±심리성(mentality)] 비물리동사가 가지는 속성인데 심리동사이기도 하고 감지동사나 감각동사이기도 하다.

    a. 아들은 아버지를 사랑한다.
    b. 그제서야 나는 내 잘못을 깨달았다.
    c. 그는 앓았다.
    d. 철수는 이상한 냄새를 맡았다.

예문 a에서 동사"사랑하다"는 주체인 "아들"이 객체인 "아버지"에게 나타내주는 감정표현을 구현하는데 심리상태에 속한다. 예문 b에서 동사 "깨닫다"는 주체인 "나"가 객체인 "내 잘못"에 나타내주는 인지적 행위를 구현하는데 심리활동에 속하기에 [+심리성]의미자질을 띠고 있다. 그러나 예문c에서 동사 "앓다"는 주체인 "그" 자체의 감각을 구현하고 예문d에서 동사 "맡다"가 주체인 "철수"기 객체인 "냄새"에 나타내주는 감지행위를 구현하기에 모두다 [심리성]의미자질을 띠고 있지 않는다. 네 예문의 동사는 다 비물리동사이다.

[±존재성(existent)] 동사가 어떤 사물이 어떤 시간과 공간에서 어떤 물리적 상태에 처해있는 것을 말한다.

> a. 아버지께서는 시골에 계신다.
> b. 하모교수 등 2명이 전산마비 증세에 이어 의식불명에 빠졌습니다.

예문 a에서 동사 "계시다"는 존재의 뜻을 나타내는데 주체인 "아버지"가 물리적 공간인 "시골"에 처해있는 것을 기술하기에 [존재성]의미자질을 띠고 있다. 그러나 예문 b에서 동사 "빠지다"는 어떤 정신적 상태에 들어갔다는 것을 나타내는데 [존재성]의미자질을 띠고 있지 않다.

[±사역성(cause)] 사건에서 어느 주체가 다른 주체로 하여금 어떤 동작이나 행위를 실시하거나 어떤 상태에 처하도록 하는 것을 말한다.

> a. 아저씨가 차를 세웠다.
> b. 그는 발걸음을 늦췄다.
> c. 영철이는 영희를 괴롭혔다.
> d. 철준이는 영희를 미워한다.

예문 a에서 동사 "세우다"는 "사역"의 뜻을 나타내는데 주체인 "아저씨"가 다른 주체인 "차"의 상태를 변화시키는 것을 나타내는데 [사역성]의미자질을 띠고 있다. 그러나 예문d에서 동사 "미워하다"는 주체가 객체에 대한 감정을 구현하는데 [사역성]의미자질을 띠고 있지 않다.

[＋타동성(transitivity)] 동사가 실시하는 동작이나 행위가 객체를 직접적을 영향을 미치는가를 말한다.

> a. 나는 미영이를 계산에 넣지 않았었다.
> b. 인호는 땀을 닦았다.
> c. 아기가 뱃속에서 가끔 논다.
> d. 고기가 입에서 살실 녹는다.

예문 a와 b에서 동사 "넣다"와 "닦다"는 사건 주체인 "나"와 "인호"가 실시하는 동작이 각각 객체인 "미영이"와 "땀"에 직접적으로 영향을 미치는 것을 나타내고 "수동"관계를 형성하기에 [타동성]의미자질을 띠고 있다. 그러나 예문 c와 d에서 동사 "놀다"와 "녹다"는 사건 주체인 "아기"와 "고기"의 자체운동과 변화를 나타내는데 다른 객체에 영향을 미치지 않는다.

[±추세성(tendancy)] 동작이나 행위의 주체나 객체가 구체적으로나 추상적인 위치적 이동을 발생하는가를 말한다.

　　a. 영희는 어제 도서관에 갔댔다.
　　b. 조선과 한국은 동시에 유엔에 가입했다.
　　c. 그는 아이에게 사탕을 보냈다.
　　d. 선생님은 학생들을 두 팀으로 나누었다.

예문 a에서 동사 "가다"는 사건 주체인 "영희"의 공간상의 이동 즉 어느 한 장소에서 다른 장소인 "도서관"에 이동되는 것을 나타내고 예문b에서 동사는 "가입하다"는 사건 주체인 "조선과 한국"의 추상적 이동 즉 추상적인 장소인 "유엔"에 들어갔다는 것을 나타내고 예문c에서 동사 "보내다"는 사건 주체인 "그"가 어떤 동작을 행함으로써 객체인 "사탕"으로 하여금 위치적 이동을 발생시키는데 주체인 "그"한테서 다른 위치인 "아이"한테 도달하도록 하는 것을 나타낸다. 이상 3가지 동사가 구성하는 사건에서 그 주체나 객체가 구체적이나 추상적인 위치상의 이동을 발생하였기 때문에 모두다 [추세성]의미자질을 띠고 있다. 그러나 예문d에서 동사 "나누다"는 사건 주체인 "선생님"이 어느 동작을 행함으로써 객체인 "학생들"에게 작용하여 그의 구성상태를 변화시키는 것을 나타내는데 [추세성]의미자질을 띠고 있지 않다.

[±참여성(participant)] 동작이나 행위가 추상적인 조직에 관계되는가를 말한다.

    a. 그 농민의 아들은 군대에 갔댔다.
    b. 그는 1999년에 국어학회에 가입했다.
    c. 그는 산에 올랐다.

예문 a와 b에서 장소인 "군대"와 "국어학회"는 추상적 사물이어서 [추세성] 의미자질을 가지는 동사 "가다, 가입하다"가 동시에 [참여성]의미자질을 띠고 있다. 그러나 예문c에서 "올랐다"가 [추세성]의미자질만 띠고 있다.

[±변화성(variability)] 사건 주체가 화학적 물리적 또는 생리적 변화를 발생하는가를 말한다.

    a. 얼음판이 녹아버렸다.
    b. 그 사람은 발걸음을 늦췄다.
    c. 책상 위에 놓아 둔 책이 어디론가 사라졌다.
    d. 그 학생은 운동장에서 달린다.

예문 a에서 동사 "녹다"는 주체인 "얼음판"의 물리적 상태의 변화를 구현하고 예문 b에서 동사 "늦추다"는 사건 주체인 "그 사람"이 객체인 "발걸음"의 속도를 변화시키는 것을 구현하고 예문 c에서 동사 "사라지다"는 주체인 "책"의 존재상태의 변화를 구현한다. 이상 3 동사는 모두다 [변화성]의미자질을 띠고 있다. 그러나 예문 d에서 동사 "달리다"는 주체의 지속적인 운동행위를 구현하는데 아무런 변화가 없기에 [변화성]의미자질을 띠고 있지 않다.

[±과정성(process)] 사건 주체가 시간적으로 지속하는가를 말한다.

    a. 나무가 자란다.
    b. 그는 서울에서 잘 지내고 있다.
    c. 폭탄이 갑자기 터졌다.

예문 a에서 동사 "자라다"는 주체인 "나무"의 성장과정을 구현하고 예문 b에서 동사 "지내다"는 주체인 "그"가 장소인 "서울"에서 한동안 있었음을 구현하는데 두 동사가 [과정성]의미자질을 띠고 있다. 그러나 예문 c에서 동사 "터지다"가 순간적이어서 [과정성]의미자질을 띠고 있지 않다.

[±개변성(changeability)] 동작이나 행위가 객체의 물리상태나 신분을 변화시키는가를 말한다.

    a. 그는 학생들을 두 개의 팀으로 나누었다.
    b. 그는 소설을 영화로 개편하였다.
    c. 그는 이 교수님을 스승으로 삼는다.

예문 a에서 객체인 "학생들"의 조직형식은 "두 개의 팀"으로 되었고 예문 b에서 객체인 "소설"의 성질은 "영화"로 되었고 예문 c에서 객체인 "이 교수님"의 신분은 "스승"으로 되었는데 3개 구문의 동사는 [개변성]의미자질을 띠고 있다.

[±상호성(reciprocity)] 동작이나 행위의 주체나 객체가 서로 배합해야 하는가를 말한다.

    a. 영희는 영철과 결혼했다.
    b. 그는 a팀과 b팀을 비교했다.
    c. 그는 선생님과 도서관에 갔다.

예문 a에서 동사 "결혼하다"는 주체인 "영희"가 다른 주체인 "영철"과 공동적으로 완성해야하는 것을 요구하고 예문 b에서 동사 "비교하다"는 객체가 복수이거나 두 객체가 그의 필수적 배합성분으로 되는 것을 요구한다. 그러나 예문 c에서 수반성분인 "선생님과"가 존재하지만 필수적이 아니다. 왜냐하면 주체인 "그"가 독립적으로 "도서관에 갔다"는 행위를 완성할 수 있기 때문이다. 그래서 동사 "결혼하다, 비교하다"가 [상호성]의미자질을 띠지만 "가다"가 띠고 있지 않는다.

[±제어성(control)] 동작이나 행위가 객체나 주체를 제어할 수 있는가 말한다.

  a. 영철이는 영희에게 구애했다.
  b. 강물이 흐른다.
  c. 그는 수류탄을 던졌다.
  d. 그는 장교수님을 대접하였다.

예문 a에서 주체인 "영철이"가 객체인 "영희"에게 실시하는 "구애하다"란 행위가 제어적이어서 [제어성]의미자질을 띠고 있다. 예문 b에서 자연현상을 기술하는데 자연현상은 제어적이 아니기에 동사 "흐르다"가 [제어성]의미자질을 띠지 않는다. 예문 c에서 사건 주체인 "그"가 동작을 실시하여 객체인 "수류탄"에 작용하여 그의 위치를 변화시키는데 제어적이지만 예문 d에서 사건 주체인 "그"가 어떤 태도로 객체인 "장교수님"을 대우하는데 객체가 의지를 가지기에 완전히 제어할 수 없는 것이다.

[±적극성(positivity)] 동작의 주체가 사건에서 외지성이나 주동성을 표현하는 것을 말한다. [적극성]의미자질을 가지는 동사가 구현하는 동작이나 행위가 주동적이고 피동적이 아니며 적극적이고 소극적이 아니다.

  a. 우리는 총장님을 환송했다.
  b. 그는 아내를 사랑한다.
  c. 그는 주사를 맞았다.
  d. 그는 산에서 굴러내렸다.

예문 a에서 주체인 "우리"가 객체인 "총장님"을 적극적으로 대우하고 예문 b에서 주체인 "그"가 객체인 "아내"에게 대한 감정을 구현하는데 주동적인 행위이다. 예문 c와 b에서 주체 자체가 의지성을 가지지만 무의미성을 표현하여 피동적으로 동사가 실시하는 행위를 접수하는 것을 기술한다.

[±수혜성(benifactive)] 사건 주체가 행하는 동작이 간접객체로 하여금 어떤 이익이나 손실을 받게 하는 것을 말한다. 여기서 간접객체가 일반적으로 생명체를 가리킨다.

    a. 그는 책을 선생님에게 드렸다.
    b. 그는 소식을 선생님에게 아뢨다.
    c. 그는 책을 책상에 놓았다.

예문 a와 b에서의 간접객체인 "선생님"은 각각 "책"과 "소식"을 받고 동사 "드리다"와 "아뢰다"가 [수혜성]의미자질을 띠고 있다. 그러나 예문 c에서의 간접객체인 "책상"이 비록 이상 두 구문에서의 "선생님"과 같은 통사적 위치가 있지만 [수혜성]의미자질을 띠지 않는다.

[±결과성(result)] 동사가 나타내는 동작이 관계하는 직접객체가 동작을 실시하여 생긴 결과인가를 말한다.

    a. 어머님은 맛있는 밥을 지었다.
    b. 광수는 새로운 책을 펴냈다.
    c. 그는 땅을 팠다.

예문 a와 b에서의 직접객체인 "밥"과 "책"은 원래 없던 사물로서 동작의 직접적 결과이기에 동사 "짓다"와 "펴내다"가 [결과성]의미자질을 띠고 있다. 그러나 예문c에서의 직접객체인 "땅"은 동작의 작용대상일뿐 동작의 결과가 아니기에 동사 "파다"가 [결과성]의미자질을 띠고 있지 않는다.

[±물질성(matter)] 동사가 구현하는 것은 실제물리적이나 구체적인가

또는 순수한 행위나 추상적인가를 말한다.

> a. 그는 영철이를 마구 때렸다.
> b. 철수는 수동으로 작동되던 기계를 자동으로 고쳤다.
> c. 인호는 창구에서 외환 업무를 다룬다(=처리하다).
> d. 반주임은 영철이를 반장으로 추천하셨다.

예문 a에서 동사 "때리다"는 행위주인 "그"가 물리적 수단을 취하여 수동자인 "영철이"를 작용하는 것을 구현하고 예문 b에서 동사 "고치다"는 행위주인 "철수"가 물리적 수단을 취하여 수동자인 "기계"를 작용하여 기능을 개변하는 것을 구현하기 때문에 [물질성]의미자질을 띠고 있다. 그러나 예문 c와 d에서 동사 "다루다, 처리하다"와 "추천하다"는 추상적 행위를 나타내기 때문에 [물질성]의미자질을 띠고 있지 않다.

[±방향성(direction)] 동사가 나타내는 동작이 관계하는 직접객체의 전이방향은 주체를 상대로 하여 바로방향인가 반대방향인가를 말한다.

> a. 오늘 회사에서 집으로 소포를 부쳤다.
> b. 선생님은 우리에게 좋은 소식을 알려주었다.
> c. 잔우는 (영희에게서+어느 부잣집에서) 돈을 훔쳤다.
> d. 그는 이 선생님에게서 많은 것을 배웠다.

예문 a, b, c와 d에서 동사는 [방향성]의미자질을 띠고 있는데 주체를 상대로 하여 접근이면 [+방향성]의미자질, 아니면 [−방향성]의미자질을 띠고 있다고 한다.

[±정보성(information)] 동사가 나타내는 동작행위가 관계하는 직접객체가 정보매체인가 구체적 실물인가를 말한다.

    a. 그는 그 소식을 어머니에게 전했다.
    b. 학교에서는 개학을 선포하였다.
    c. 그는 어머님에게 소포를 보냈다.

예문 a와 b에서의 직접객체인 "소식"과 "개학"은 예문 c에서의 직접객체인 "소포"와 달리 전자는 정보매체이고 후자는 구체적 실물이다. 그래서 "전하다"와 "선포하다"는 그 직접객체가 정보매체임을 요구하는데 [정보성]의미자질을 띠고 있다.

4.2. 실례 : 도출과정

다음에서 우리는 "부분과 전체동사"와 "소유동자"의 도출과정을 보고저 한다.

우선 [±정태성]의미자질을 따라 동사를 두 가지 유형으로 나눌 수 있다. 즉 동태동사와 정태동사이다. 다음과 같은 트리도형은 두 가지 유형 동사의 의미자질을 뚜렷이 보여주고 있다.

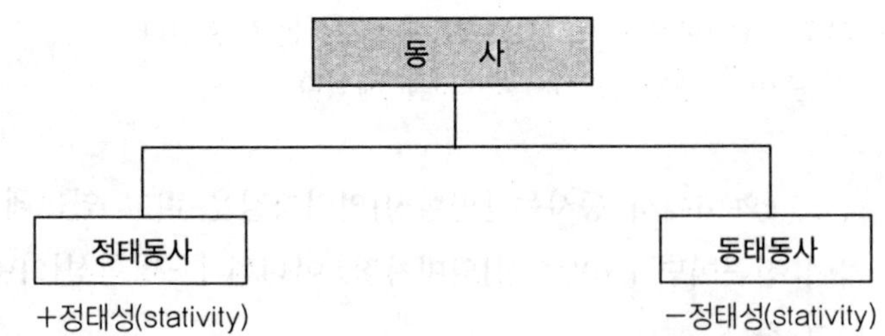

1)   a. 아버지께서는 시골에 계신다.(정태동사)
      b. 그는 좋은 직업을 가진다.(정태동사)
      c. 지호는 영희에게 자기 주장을 우겼다.(동태동사)
      d. 번갯불이 밤하늘을 가른다.(동태동사)

“정태동사”에 있어서 우리는 다시 [±관계성]의미자질을 도입하여 재분류할 수 있다. 그러나 [±관계성]의미자질은 “동태동사”의 의미자질이 아니기에 그의 재분류의 기분으로 될 수가 없다.

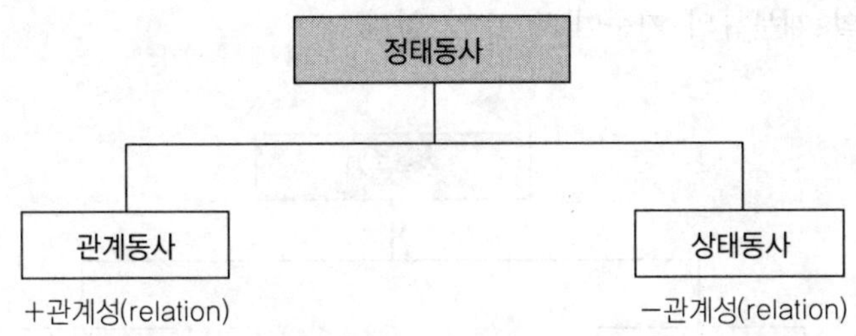

2)   a. 그는 좋은 직업을 가진다.(=1b, 관계동사)
        b. 그의 주장은 성급한 일반화의 오류에 속한다.(관계동사)
        c. 아버지께서는 시골에 계신다.(=1a, 상태동사)
        d. 그 사람의 모습이 내 머리속에 자리잡고 있다.(상태동사)

“관계동사”에 있어서 우리는 다시 [±소유성]의미자질을 도입하여 배분류할 수 있다. 그러나 [±소유성]의미자질은 “상태동사”의 의미자질이 아니기에 그의 재분류의 기준으로 될 수가 없다.

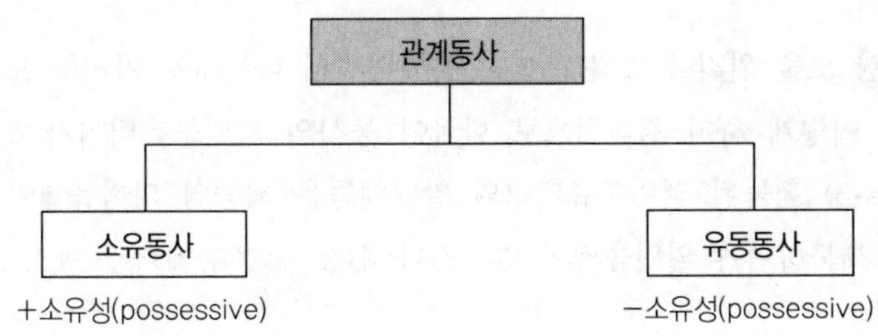

3)   a. 그는 좋은 직업을 가진다.(=1b=2a, 소유동사)
        b. 책상은 네 다리가 있다.(소유동사)
        c. 노신은 <나함>의 작자이다.(유동동사)

d. 낙양은 북경에서 멀리 떨어져있다.(유동동사)

소유동사에 있어서 우리는 [±포함성]의미자질을 도입하여 다시 분류할 수 있다. 그러나 [±포함성]의미자질은 관계동사의 의미자질이 아니어서 그의 재분류의 기준이 될 수가 없다.

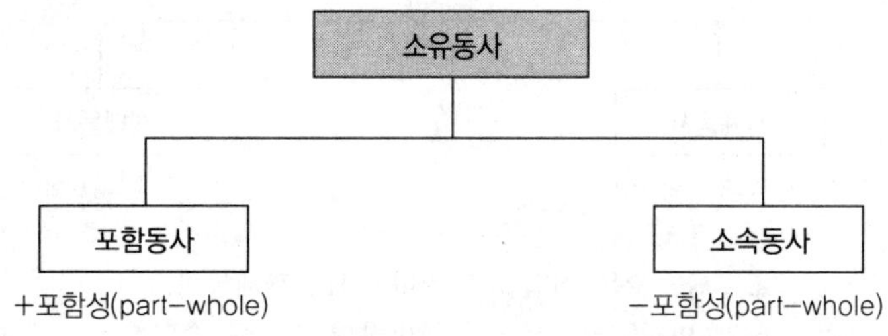

4)   a. 그는 좋은 직업을 가진다.(=1b=2a=3a, 소속동사)
      b. 그의 주장은 성급한 일반화의 오류에 속한다.(=2b, 소속동사)
      c. 책상은 네 다리가 있다.(=3b, 포함동사)
      d. 집합은 원수들로 구성되어있다.(포함동사)

4.3. 의미분류트리

이상 도출 원리를 따라 우리는 분류티리의 다른 나무가지를 도출할 수 있다. 이렇게 하여 결과적으로 한국어 동사의 의미분류티리가 도출된다. (도표4-3) 획득된 의미분류티리의 말단매듭은 최종의 의미유별이 아니고 다시 세분하여야 의미유별이 얻어진다(제4장 제4절과 제5장을 참조).

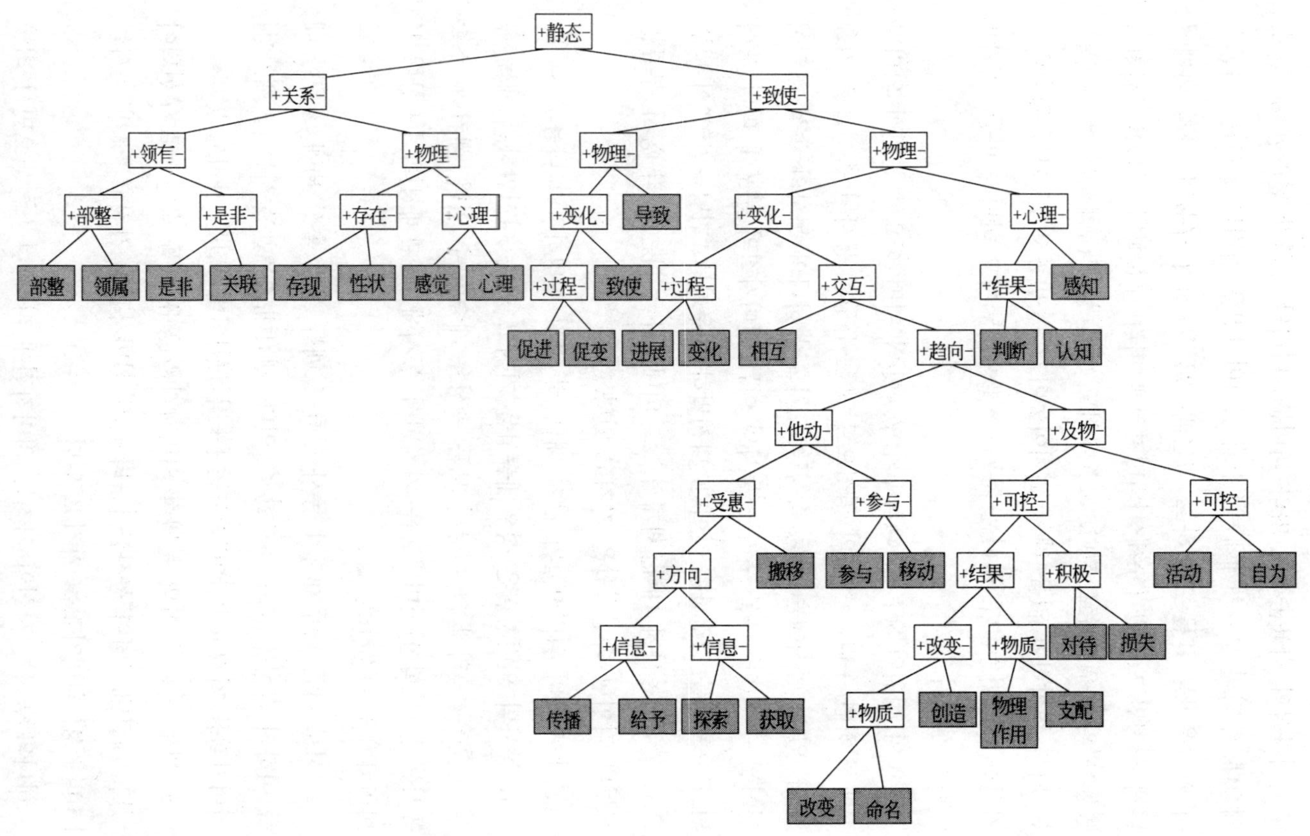
+静态-
+关系-
+致使-
+领有-
+物理-
+物理-
+物理-
+部整-
+是非-
+存在-
-心理-
+变化-
导致
+变化-
+心理-
部整
领属
是非
关联
存现
性状
感觉
心理
+过程-
致使
+过程-
+交互-
+结果-
感知
促进
促变
进展
变化
相互
+趋向-
判断
认知
+他动-
+及物-
+受惠-
+参与-
+可控-
+可控-
+方向-
撤移
参与
移动
+结果-
+积极-
活动
自为
+信息-
+信息-
+改变-
+物质-
对待
损失
传播
给予
探索
获取
+物质-
创造
物理作用
支配
改变
命名

의미자질의 작용순서에 따라 의미분류티리의 구조가 달라질 수 있다. 예컨대, 우리의 분류체계에는 [추세성]의미자질을 가지는 동사는 "이동동사"와 "운반동사"를 포함하고 있는데 그들은 각각 부동한 가지 아래에 넣게 되지만 단순한 [추세성]의미자질에 따라 구분하면 그들은 "위치이동동사"의 하위부류로 된다. 그중에서도 "이동동사"(구체적으로 "자체이동")는 외적 영향력이 없을 때의 위치이동이고 "운반동사"는 외적 영향력에 기인한 위치이동이다. 하나는 자동(스스로의 이동)이고 하나는 타동(외부작용이동)인 셈이다.

SOV의 성원인 S(주체), O(객체)와 V(술어)의 어떤 중요한 분별적 의미자질에 의하면 우리는 행렬의 형식으로 모든 유형의 동사의 속성들을 기술할 수 있다. 동시에는 이들 속성들로 기술된 하나의 동사의 속성 행렬이 얻어질 수 있다. 사실 우리는 동사의 이들 의미자질의 분포에 따라 동사의 분류체계를 검정하는 것이다. 다시말하면 우리는 "귀납-연역"의 방법으로 한국어동사에 대해 체계적으로 의미분류를 하는데 각 동사 부류는 모두다 각이한 속성집합을 가지고 있다.

동사 부류의 의미자질의 값에 대해 몇 가지 설명하자면 다음과 같다.

1. 동사의 의미자질은 상위계승성을 가지고 있다. 다시말하면 매듭 속성(+ 혹은 −)외에 그 이상의 모든 속성을 계승할 수 있다. 예컨대, 소속동사는 [−포함성]의미자질을 가지면서 동시에 [+관계성]과 [+상태성]의미자질을 계승한다.

2. 서로 다른 나무가지의 동사 부류는 매듭 상위 속성 외에 공유한 매듭 이하의 속성을 교차 계승할 수 있다. 예컨대, "운반"동사는 [+제어성]의미자질을 가지고 "참여"동사는 [+적극성]의미자질을 가지고 있다.

3. 서로 다른 동사의 분별적 의미자질은 공유 매듭 속성으로 구현되어 있다. 예컨대, "참여"동사는 [−타동성] 의미자질을 가지고 "운반"동사는 [+타동성] 의미자질을 가지고 있다.

하나의 동사는 자신이 가지는 의미자질에 따라 검정을 받으면서 최종적으로 어떤 부류에 귀입된다. 예컨대, 동사 "먹다"의 경우에는 [정태]의 의미자질로 검정하여 동태동사로 분류하고 난 다음 [물리성]의미자질로 검정하여 물리동사로 분류하고 이렇게 유출하여 나중에 "작용"동사로 분류한다.

제5절 동사 분류 의미장 체계의 구축

의미론의 발전에 따라 의미장이론은 언어연구자와 컴퓨터연구자의 이목을 끌고 있다. 20세기 30년대 독일과 스위스의 언어학자들은 의미장이론을 창립하였다. 학파의 대표인물은 독일의 Jost Trier이다. 그는 "어떤 언어에서 매개 어휘는 친속 개념 사이에 처하고 있다. 이들 어휘는 서로 관련되어 특별히 가리키는 어휘와 같이 저절로 체계적인 전체(전부)로 이루어지는데 이런 구조를 어휘장이라 부른다"고 지적한 바 있다. 의미장은 결합장과 계열장으로 나눌 수 있다. 같은 범주(품사)의 어휘들로 이루어진 의미장은 계열장(동사는 하나의 큰 계열장이다)이고 부동한 범주(품사)의 어휘들로 이루어진 의미장은 결합장이다. 의미장 내부의 각 성원 사이에는 의미관계가 존재하는데 이러한 의미관계는 바로 체계성의 구체적인 구현이다. 각 의미장은 부동한 층위와 크기가 다른 하위 의미장을 포함하고 있다. 매개의 의미장은 하나의 공유 의미소로 맺어진다. 우리의 연구 내용은 바로 동사의 의미장과 그 하위 의미장의 구성 문제, 즉 동사의 의미분류 체계 문제와 동사 의미결합관계(동사와 명사 사이의 의미관계) 문제이다(戚雨村, 1989).

한국어 동사 체계에 있어서 우리는 의미장, 의미차장, 어휘의미군과 의미유별을 포함한 4등급 분류 모듈 체계를 구축하고저 한다. 본문에서는 먼저 이상에서 도출된 동사 의미 분류 트리를 공유 의미자질에 의하여 귀납정리하여 4등급 분류 모듈 체계의 의미장, 의미차장과 어휘의미군을 구축한다. 의미유별은 어휘의미군의 하위범주로 해당 부류 동사의 분별적 의미자질로 구체적으로 세분하면 된다. 물론 전반 분류 체계의 각 부류는 완전히 대칭적이 아니다. 다시말하면 수량상 각 부류는 다르고 하나의 상위 개념은 2개 또는 두 개 이상의 하위 의미장을 포함할 수 있다. 4등급 분류 모듈 체계에는 어떤 부류는 어휘의미군까지만 분류할 수 있고 구체적 의미유별을 가지지 못할 수도 있다. 다음 도표에는 한국어 동사의 4등급 분류 체계의 앞 3등급 부류들이 열거되어 있는데 제4급인 의미유별의 형편은 다음 장에서 구체적으로 설명하도록 하겠다.

(1) **의미장**: 동사 체계는 상태의미장, 관계의미장과 행위의미장 등 3개를 포함하고 있다. 각 의미장은 수량이 다른 의미차장을 포함하고 있다. 예컨대, 관계의미장은 "소유관계"의미차장과 "대비관계"의미차장을 포함한다.

(2) **의미차장**: 각 의미차장은 수량이 다른 어휘의미군을 포함하고 있다. 예컨대, "소유관계"의미차장은 "소속관계"어휘의미군과 "포함관계" 어휘의미군을 포함한다.

(3) **어휘의미군**: 각 어휘의미군은 수량이 다른 의미유별을 포함하고 있다. 예컨대, "소속관계"어휘의미군은 "영속"의미유별과 "귀속"의미유별을 포함한다.

(4) **의미유별**: 각 어휘의미군은 약간의 구체적 의미유별을 포함하고 있는데 그중 전체적인 동사는 기준 동사이고 집합적인 동사는 열거 동사이다.

한국어 동사에 대한 의미분류 작업은 동사의 의미공간을 건립하는 것이다. 제1층은 뿌리 매듭인데 전체 동사를 가리킨다. 제2층은 의미장인데 3개의 매듭이 있다. 제3층은 의미차장이고 제4층은 어휘의미군이고 제5

층은 의미유별이다(지면 관계로 다음 도표에서 의미유별의 수량만 제시되어 있는데 구체적인 내용은 다음 장을 참고하기 바람). 제6층은 종단 매듭인데 매개 동사 의미항을 가리킨다(동사의 의미변체 lexical-semantic variant라고도 부른다).

도표 4-2 : 동사 4등급 분류 모듈

의미장 (語義場)	의미차장 (子語義場)	어휘의미군 (詞彙語義群)	의미차별 (語義類別)	구체적 형태 동사(具體形態動詞)
상태 (狀態)	물리상태 (物理狀態)	존재상태(存在狀態)	2	있다
		성상상태(性狀狀態)	2	풍기다
	정신상태 (精神狀態)	감각상태(感覺狀態)	1	앓다
		심리상태(心理狀態)	3	질투하다
관계 (關係)	소유관계 (所有關係)	소속관계(領屬關係)	2	가지다2
		포함관계(部整關系)	2	구성하다
	유동관계 (類同關係)	시비관계(是非關係)	1	부르다
		관련관계(關聯關係)	2	떨어지다2
행위 (行爲)	변화 (變化)	자체변화(自體變化)	2	얼다
		진전(進展)	2	자라다
	활동 (活動)	자동(自動)	2	흐르다
		행동(行動)	2	웃다
		상호(相互)	3	싸우다
	이동 (移動)	위치이동(位移)	3	기다
		참여(參與)	1	참석하다
		운반(運搬)	11	던지다
		급여(給予)	2	보내다
		획득(獲得)	2	얻다
		전파(傳播)	2	알리다
		탐색(探索)	2	탐색하다
	작용 (作用)	창조(創造)	3	만들다
		개변(改變)	2	변경하다
		명명(命名)	3	선거하다
		물리작용(物理作用)	7	때리다

의미장 (語義場)	의미차장 (子語義場)	어휘의미군 (詞彙語義群)	의미차별 (語義類別)	구체적 형태 동사(具體形態動詞)
행 위 (行爲)	작 용 (作用)	지배(支配)	2	처리하다
		대접(待接)	3	감사하다
		조우(遭遇)	3	다치다
	사 역 (使役)	촉변(促變)	1	높이다
		촉진(促進)	1	끝내다
		독촉(促使)	1	공부시키다
		야기시킴(導致)	1	괴롭히다
	정신활동 (精神活動)	감지(感知)	1	느끼다
		판단(判斷)	1	여기다
		심리활동(心理活動)	3	생각하다

제5장 동사 의미결합관계의 기술

앞 장에서는 한국어 동사 분류에 대해 체계적으로 귀납해 보았고 이 장에서는 동사에 대한 통합적인 기술을 위해 동사의 다양한 유형을 상세히 다루고자 한다. 본 장의 내용은 크게 동사의 기본 의미구조 혹은 의미모듈, 기본 통사구조 혹은 통사모듈 등 정보를 포함하고 있으며 동시에 관련된 해석과 설명도 부가되어 있다.

제1절 상태의미장

상태동사는 사물의 존재 상태나 심리활동, 감정활동 등 심리적 상태를 나타낸다. 이 부류의 동사는 [+상태] 의미자질을 공유하고 있다.

(1) 도서관에 책이 있다.(물리상태)

(2) 자전거를 잘 탄다.(물리상태)

(3) 철수는 영희를 미워한다.(정신상태)

(4) 작년에 김 사장은 사원들의 파업으로 골머리를 앓았다.(정신상태)

예문(1)에서 주체인 "책"의 물리적 존재상태를 구현하는데 그 존재장소가 바로 "도서관"이다. 예문(2)에서 주체인 "자전거"의 물리속성을 나타낸다. 그러나 예문(3)에서 주체인 "철수"가 객체인 "영희"에게 "미워함"이란 감정을 표현해주는 것을 나타낸다. 예문(5)에서 주체인 "김 사장"이 "사원들의 파업"이란 원인으로 인해 "앓음"의 정신상태에 처해있는 것을 나타낸다. 그래서 "있다"와 "탄다"는 물리상태를 나타내고 "미워하다"와 "앓다"는 정신상태를 나타낸다.

이리하여 상태의미장은 물리상태와 정신상태 두 개의 의미차장을 포함하고 있다.

1.1. 물리상태의미차장

이 의미차장은 사물의 물리상태를 나타낸다.

1.1.1. "존재"어휘-의미군

이는 다음과 같이 두 가지 경우로 나눌 수 있다.

1) 자연존재 : 사물 주체의 객관적 존재상태를 나타내는 경우

기본의미구조 : 장소＋당사자＋동사
기본통사구조 : N1-에N0 V

도서관에　　책이　　있다.
나뭇잎에　꽃가루가　앉았다.
장소　　　　당사자　　동사

이 부류에 속하는 동사로는 또 "있다1, 계시다, 존재하다, 자리잡다, 묻어있다" 등이 있다.

2) 결과존재 : 사건이 완성되어 생긴 결과의 존재상태를 나타내는 경우[40)]

> 기본의미구조 : 당사자＋장소＋동사
>
> 기본통사구조 : N0 N1－에 V / N0 N1－를 V

학생들은 의자에 앉아 있다.
당사자　　장소　　동사

이 부류에 속하는 동사로는 또 "놓여 있다, 걸려 있다, 붙여져 있다, 그려져 있다, 덮여 있다, 담겨져 있다, 꽂혀 있다, 깔려 있다, 묶여 있다, 널려 있다, 서있다, 누워 있다, 걸치고 있다" 등이 있다.

1.1.2. 성상어휘－의미군

이는 사건 주체의 일반적 성질과 상태를 나타낸다.

1) 성질 : 사건 주체의 속성을 나타내는 경우

> 기본의미구조 : 당사자＋동사
>
> 기본통사구조 : N0 V/N0 N1－에V

소금(설탕)은 물에 잘 녹는다
당사자　　관계자　　동사

날씨가 가물다.
당사자　동사

---

40) "그는 모자를 쓰고 있다."는 동작이 끝난 상태의 지속을 나타내는데 양태범주에 속한다.

이 부류에 속하는 동사로는 또 "나돌다, 견디다, 감돌다" 등이 있다.

2) 상태 : 사건 주체가 자연적으로 어떤 물질을 표출해 내거나 어떤 특성을 나타내는 것을 말하는데 주체가 객체에 대한 영향은 간접적인 것이다.

기본의미구조 : 당사자＋내용＋동사

기본통사구조 : N0 N1-을 V

꽃은 향기를 풍기고 있다.
당사자　내용　　　동사

이 부류에 속하는 동사로는 또 "예시하다, 상징하다, 나타내다" 등이 있다.

1.2. 정신상태의미차장

이는 사건 주체의 느낌과 심리 상태를 나타낸다.

1.2.1. 감각어휘－의미군

이는 사건 주체 자체의 정서와 느낌을 나타낸다.

기본의미구조 : 당사자＋동사

기본통사구조 : N0 V

그는　　　　　　　　　　　　　　앓는다.
민호 동생은 1년 내내 질병에 시달린다.
경험주　　　　　　　　　　동사

이 부류에 속하는 동사로는 또 "병들다, 시큰거리다, 굶다" 등이 있다.

1.2.2. 심리상태어휘 – 의미군

1) 감정 : 사건 주체 자신의 감정 표현을 나타낸다.

> 기본의미구조 : 경험주＋동사
>
> 기본통사구조 : N0 V

영수는 모두가 자기를 무시한다고 슬퍼한다.
경험주　　　　　　　　　　　　**동사**

영수가 간지 30분 후에 사람들은 안타까워했다.
　　　　　　　　　경험주　　　**동사**

이 부류에 속하는 동사로는 또 "기뻐하다, 괴로워하다" 등이 있다.

2) 느낌 : 사건 주체가 객체에 대한 감정을 나타낸다.

> 기본의미구조 : 경험주＋감지대상＋동사
>
> 기본통사구조 : N0 N1 – 을 V

아들은 아버지를 사랑한다.
당신은 남을 시샘하지 말고 부지런히 하세요.
경험주　**수동자**　　　　**동사**

이 부류에 속하는 동사로는 또 "그리워하다, 그리다, 사랑하다, 미워하다, 존경하다, 부러워하다, 싫어하다, 부끄러워하다, 걱정하다" 등이 있다.

3) 희망 : 사건 주체가 어떤 사물이 실현되기를 기원하는 것을 나타낸다.

> 기본의미구조 : 경험주＋내용＋동사
>
> 기본통사구조 : N0 N1 – 을 V

그는 빨리 퇴근하기를 바란다.
경험주　　　**내용**　　　　**동사**

이 부류에 속하는 동사로는 또 "바라다, 원하다, 희망하다, 갈망하다, 기대하다" 등이 있다.

제2절 관계의미장

관계동사는 사물 사이의 상호관계를 나타낸다. 다시말하면 이 부류 동사는 사건에서의 두 사물을 관계맺게 하여 사물 사이의 관계의미를 나타낸다. 이런 동사는 [+관계성]의미자질을 공유한다.

(1) 권리가 인민에게 속한다.(수령)
(2) 한국 팀은 세계 여러 강팀들과 어깨를 나란히 할 수 있는 실력을 가지고 있다.(영유)
(3) 책상은 네 개의 다리가 있다.(포함)
(4) 나는 박상철이라고 부릅니다.(시비)
(5) 낙양은 북경에서 멀리 떨어져 있다.(관련)

예문(1)에서 "권리"와 "인민"의 관계는 "수령"관계인데 "권리"의 수령주는 "인민"이다. 예문(2)에서 "한국 팀"과 "실력"의 관계는 "영유"인데 "한국 팀"은 "실력"을 가진다는 것을 나타낸다. 예문(3)에서 "책상"과 "네 다리"의 관계는 부분과 전체의 관계인데 "네 다리"는 "책상"의 일부분임을 나타낸다. 예문(5)에서 "나"와 "박상철"의 관계는 "시비"관계인데 "나"의 이름은 "박상철"이란 것을 나타낸다. 예문(5)에서 "낙양"과 "북경”의 관계는 거리 상의 관계인데 “낙양”은 “북경”과 거리 상에서 어떤 관계를 가지고 있음을 나타낸다.

관계동사는 복잡하고 그 통사적 표현형식도 다양하다. “소유”와 “유동” 등은 그의 하위범주이다.

2.1. 소유관계의미차장

2.1.1. 소속어휘-의미군

이는 사건에서의 두 사물 사이의 영유와 수령 관계를 나타낸다. 두 사물 사이가 영유관계인가 수령관계인가에 따라 소속어휘-의미군은 영유의미유별과 수령의미유별, 이 두 가지로 하위분류할 수 있다.

1) 영유 : 사건에서 한 사물은 다른 사물을 가지는 것을 나타낸다.

> 기본의미구조 : 소유자+소속+동사
> 기본통사구조 : N0 N1-을 V / N0 N1-가/이 V

그는 그 책을 가지고 있다.
왕 선생은 두 딸이 있다.
소유자　　　　소속　　　　동사

이 부류에 속하는 동사로는 또 “가지다1, 보유하다, 띠다, 품다1, 갖추다, 지니다, 있다2, 차지하다, 결여하다, 달려있다” 등이 있다.

2) 수령 : 사건에서 한 사물이 다른 사물에 속함을 나타낸다.

> 기본의미구조 : 소속+소유자+동사
> 기본통사구조 : N0 N1-에 V

그의 주장은 성급한 일반화의 오류에 속한다.

이 품목은　　　농산물에　　　　들어간다.
　　소속　　　　소유자　　　　　동사

이 부류에 속하는 동사로는 이들 외에도 "돌리다2, 딸리다, 매이다, 붙다2, 들어가다2, 소속하다" 등이 있다.

2.1.2. 포함어휘－의미군

이는 사물에서 두 사물 사이의 부분과 전체의 관계를 나타낸다. 두 사물 사이가 포괄관계인가 구성관계인가에 따라 포함어휘－의미군은 "포괄"과 "구성" 두 의미유별로 하위분류할 수 있다.

1) 포괄 : 사건에서 한 사물은 다른 사물을 포괄하는 것을 나타낸다.

> 기본의미구조 : 소유자＋소속＋동사
> 기본통사구조 : N0 N1－가/이 V / N0 N1－을 V

잠자리가　날개가　있다
　소유자　　소속　　동사

이 부류에 속하는 동사로는 또 "있다3, 포괄하다, 포함하다" 등이 있다.

2) 구성 : 사건에서 한 사물은 다른 사물의 구성부분임을 나타낸다.

> 기본의미구조 : 소유자＋부분＋동사
> 기본통사구조 : N0 N1－로 V / N0 N1－을 V

집합은 원수들로 구성되어있다.
지구도 태양계를 이루는 하나의 행성이다.
　소유자　　부분　　　동사

이 부류에 속하는 동사로는 또 "구성하다, 합성하다, 조합하다, 화합하다, 혼합하다, 나누어지다, 합하다, 합치다" 등이 있다.

2.2. 유동관계의미차장

2.2.1. 시비어휘―의미군

이는 사건에서 두 사물 사이가 시비관계임을 나타낸다.

> 기본의미구조 : 당사자＋지정＋동사
> 기본통사구조 : N0 N1 V

이순신장군은 민족영웅이다.[41]
　　당사자　　지정　　동사

이 부류에 속하는 동사로는 또 "부르다2(姓)" 등이 있다.

2.2.2. 관련어휘―의미군

이는 사건에서 주체가 다른 사물과 관계하는 것을 나타낸다.

1) 배합 : 사건에서 주체가 다른 사물과 어울리는 관계를 나타낸다.

> 기본의미구조 : 당사자＋기준치＋동사
> 기본통사구조 : N0 N1－에｜와/과 V

신발이 발에 맞는다.
당사자 기준치 동사

---

41) 한국어에서는 계사인 "이다"를 특수형태의 동사로 볼 수 있다.

이 부류에 속하는 동사로는 또 "맞다2, 들어맞다, 얽히다, 적응하다" 등이 있다.

2) 상관 : 사건에서 주체가 다른 사물과 공간 상의 관계를 맺는 것을 나타낸다.

> 기본의미구조 : 당사자＋관계자＋동사
>
> 기본통사구조 : NO N1－와/과 V / NO N1－을 V

이 일은 그와 관련된다.
고원군의 동부가 문천군의 북부에 걸쳐 있다.
'a'선이 'b'선과 서로 닿았다.
당사자　　관계자　　　동사

이 부류에 속하는 동사로는 "바라보다, 수직하다, 교차되다, 닿다2, 맞닿다, 연결되다, 접근하다1" 등이 대표적인 것들이다.

제3절 행위의미장

행위동사는 관계나 상태를 나타내는 것이 아니라 사물의 동태적 운동과정을 나타낸다. 예컨대, 변화, 이동, 창조 등 행위이다. 어느 언어에서나 이런 동사는 수량이 제일 많고 복잡하다. 이들 동사는 행위의미장으로 형성된다. 행위의미장은 다시 변화, 활동, 이동, 작용, 사역, 정신활동 등 6개 의미차장으로 나누어질 수 있다. 다음 예문에서 중심동사는 다 행위동사이다.

(1) 불이 쉽사리 꺼지지 않는다.

(2) 비행기가 활주로에 내린다.

(3) 철수는 (가방+상자) 안에 책을 넣었다.

(4) 부모님은 그를 학교로 보냈다.

(5) 깜빡 졸아서 선생님의 설명을 놓쳤다.

(6) 병주는 한 골동품 수집가에게 이 도자기를 백만 원에 샀다.

(7) 왕 선생은 나에게 좋은 소식을 전해주었다.

(8) 어머님은 아이에게 우유를 먹인다.

3.1. 변화의미차장

변화의미차장에 속한 동사는 주체의 물리적 화학적, 생리적 변화와 사물의 시간 상의 진전을 나타낸다. 이른바 진전은 사물이 어느 상태에서 다른 상태로 전환하거나 발전함을 말한다. 이 부류 동사는 [+변화성]의 미자질을 공유한다.

(1) 어제 봤던 그 사람이 오늘 죽었다구요

(2) 적들의 계획은 수포로 돌아샀다.

(3) 집이 너무 낡아서 벽에 금이 갔나.

(4) 사회가 지속적으로 발전하고 있다

예문(1)과 (2)에서는 사건 주체 자신의 변화를 나타낸다. 예문(3)과 (4)에서는 사건 주체가 시간 상에서의 진전을 나타낸다.

3.1.1. 자체변화어휘-의미군

이는 사건 주체가 외적 작용이 없는 조건에서 그 자체의 변화를 나타낸다. 변화 후의 결과의 유무에 따라 하위분류할 수 있다.

1) 단순변화 : 사건 주체가 스스로 변화하여 그 결과가 없는 것을 나타 낸다.

> 기본의미구조 : 당사자＋동사
>
> 기본통사구조 : N0 V

폭탄이 갑자기 터졌다.
기력이 시들어 간다.
당사자　　　동사

이 부류에 속하는 동사에는 "죽다, 회복하다, 익다, 마사지다, 시들다, 내려오다2, 내려서다, 내리다2, 녹다2, 낡다, 길다, 쇠다1" 등이 있다.

2) 전성 : 사건 주체가 스스로 변하여 새로운 상태로 된 것을 나타낸다.

> 기본의미구조 : 당사자＋결과상태＋동사
>
> 기본통사구조 : N0 N1－로 V

물은 얼음으로 되었다.
당사자 결과상태　　동사

이 부류에 속하는 동사로는 또 "변하다, 돌아가다" 등이 있다.

3.1.2. 진전어휘－의미군

이는 사건 주체가 외적 작용이 없는 조건에서 그 자체가 시간과 공간 상의 진전을 나타낸다. 진전어휘－의미군은 다섯개 의미유별을 포함한다.

1) 출현/소실/시작/끝마침 : 사건 주체가 없는 것으로부터 있는 것까지로 의 발전을 나타낸다.

> 기본의미구조 : 당사자＋동사
>
> 기본통사구조 : N0 V

이상한 현상이 나타났다.
회의는 시작한다.
당사자   동사

이 부류에 속하는 동사로는 또 "나다, 가다, 나타나다, 사라지다, 시작하다, 돋다, 드러나다, 일다, 발생하다, 끝나다, 꺼지다" 등이 있다.

2) **발전** : 사건 주체가 시간 상 스스로 진전하는 것을 나타낸다.

> 기본의미구조 : 당사자＋동사
>
> 기본통사구조 : N0 V

나무들이 푸르싱싱 자라고 있다.
당사자   동사

이 부류에 속하는 동사로는 또 "진행하다, 발전하다, 자라다, 중단되다, 지속하다" 등이 있다.

3.2. 활동의미차장

활동의미차장은 자동, 행동과 상호 등 세 개의 어휘－의미군을 포함하고 있다.

3.2.1. 자동어휘－의미군

1) **자연현상** : 자연계의 자연현상이다.

> 기본의미구조 : 당사자＋동사
>
> 기본통사구조 : N0 V

강물이 흐른다.
당사자   동사

이 부류에 속하는 동사로는 또 "흐르다, 반짝이다, 날다, 나부끼다, 떨어지다, 흔들다, 타다3, 불다1" 등이 있다.

2) **자발동작** : 동물주체가 비제어적인 동작행위이다.

> 기본의미구조 : 관계자＋당사자＋동사
>
> 기본통사구조 : N0 V

그는 몸이 떨다.
그는 손이 불에 탔다1.
관계자 당사자   동사

이 부류에 속하는 동사로는 또 "기침나다, 떨다, 베다1" 등이 있다.

3.2.2. 행동어휘－의미군

1) **자체동작** : 사건 주체가 스스로 하는 동작이다.

> 기본의미구조 : 행위주＋동사
>
> 기본통사구조 : N0 V

그는 울었다.
행위주 동사

이 부류에 속하는 동사로는 또 "웃다, 울다, 짖다, 앉다, 서다, 눕다, 자다, 일하다, 쉬다, 움직이다1, 헤매다” 등이 있다.

2) 대항 : 사건에서 주체가 다른 객체에 대치하는 것을 나타낸다.[42]

> 기본의미구조 : 행위주＋관계자＋동사
>
> 기본통사구조 : N0 N1－에게/에 V

그는 대법원에 항의했다.
행위주 관계자   동사

이 부류에 속하는 동사로는 또 “대들다, 항변하다, 구애하다, 기대다1, 대답하다, 열중하다, 노력하다, 기여하다, 주의하다, 사과하다” 등이 있다.

3.2.3. 상호어휘－의미군

이는 사건 주체 또는 객체가 서로 협동해서 완성해야 하는 행위를 나타낸다. 공동 참여 대상이 주체인가 객체인가 그리고 동작이 타동적인가 자동적인가에 따라 다음과 같이 하위분류할 수 있다.[43]

	주 체	객 체
타동성	(1) 대다, 나누다2,	(3) 비비다, 분리하다, 나누다2
자동성	(2) 사랑하다, 속삭이다, 겨누다, 대화하다	없음

---

42) 이 부류의 동사는 “알리다”류 동사와 비슷한 점이 있다. 만약 “항의하다”가 “항의를 제출하다”로 이해되면 사건에서의 간접적 객체의 의미역은 수혜자이다. 그러나 우리는 “항의하다”는 “기다다, 대들다”등 고유동사와 같이 하나의 전체적 동작 또는 행위적 개념으로 인정해야 하고 이 동작 또는 행위가 식섭적으로 다른 객체에 대치하기에 사건에서의 객체의 의미역은 “관계자”로 봐야 한다고 본다.
43) 상호동사에 있어서 “NP－와/과”가 필수논항이지만 예문 “그는 영수와 같이 도서관에 갔다”에서의 “NP－와/과”가 선태논항이다.

1) 합작 : 사건에서 주체가 공동적으로 참여해야 하는 동작행위임을 나타낸다.

기본의미구조 : 행위주＋수반＋동사/행위주＋동사

기본통사구조 : N0 N1－와/과 V/ N0－와/과 N1 V

야당은 여당과 접촉하였다.
행위주　수반　　동사

야당과 여당은 접촉하였다.
행위주　　동사

이 부류에 속하는 동사로는 또 "견주다, 겨루다, 접촉하다, 겹치다, 연애하다, 사랑하다, 결혼하다, 이혼하다, 사귀다, 닮다, 오가다, 교미하다, 뭉치다, 만나다1, 겨누다2, 접촉하다, 맞서다, 맞먹다, 맞대다, 부딪치다, 가까이하다2" 등이 있다.

그중 어떤 동사들은 "N0 N1－를 V"식을 취한다. 예컨대, "사랑하다, 사귀다, 닮다, 만나다" 등이다. 그러나 양자는 의미적으로 차이가 보이는데 다른 의미항으로 처리된다.

(1) 철수는 영희를 만났다.
(2) 철수는 영희와 만났다.

예문(1)에서 "영희"가 객체 위치에 처하여 "수동자"를 담당하고 예문(2)에서 "수반"을 담당하여 동작의 수행에 참여한다.

2) 교류 : 사건에서 주체가 공동적으로 참여하여 다른 객체에 관계하는 동작행위를 나타낸다.

> 기본의미구조 : 행위주＋수반＋관계자/내용＋동사/
>
> 행위주＋내용＋동사
>
> 기본통사구조 : N0 N1－(에 대하여, 을) N2－와/과 V

공산당은 국민당과 양당합의문에 서명하였다.
　행위주　　수반　　관계자　　　동사

그는 선생님과 이야기를 나눈다.
행위주　수반　　내용　　동사

공산당과 국민당은 양당합의문에 서명하였다.
　행위주　　　　　　관계자　　동사

그와 선생님은 이야기를 나눈다.
　행위주　　　내용　　동사

이 부류에 속하는 동사로는 또 "나누다2, 대다, 토론하다, 맺다1, 쟁론하다, 토론하다, 의논하다, 상의하다" 등이 있다.

3) 분리 : 사건에서 동작행위의 객체가 복수거나 두 개임을 요구한다.

> 기본의미구조 : 행위주＋수동자＋동사/
>
> 행위주 l 수동자＋수반＋동사
>
> 기본통사구조 : N0 N1－와/과 N2－을 V

그들은 달러와 인민폐를 바꾸었다.
　행위주　　수동자　　　동사

그들은 인민폐를 달러와 바꾸었다.
행위주　수동자　　수반　　동사

영희는 밥을 나물과 (서로) 맛있게 비볐다.
행위주　　수동자　　　　　　　동사

이 부류에 속하는 동사로는 또 "나누다1, 겹치다, 결합하다, 꼬다, 바꾸다1, 비교하다, 뒤썩다, 분리하다, 붙이다, 비비다1, 엮다1, 포개다, 혼동하다, 묶이다" 등이 있다.

여기서 다음과 같이 몇 가지 설명이 보충된다.

① 상호동사의 통사구조는 동등한 점이 있다. 그 통사성분에는 "N-와/과"구조가 다 있다. 그러나 어떤 동사들의 통사구조는 "N0 -와/과 N1 V"로 전환될 수 있고 어떤 동사들은 부사 "서로"의 수식이 필요한데 즉 "N0 N1-와/과 서로V" 형식으로 된다.

개개 동사에 대한 상세한 정보는 동사의 어휘부를 통해 이들 정보를 동사의 결구체에 기재할 수 있다(제2장과 제6장을 참조).

② "인접하다, 떨어지다2, 어울리다" 등 동사는 상호동사와 같은 구문을 취하지만 그 의미적 특성은 [관계성]이 뚜렷하여 본문에서 "관계동사"로 취급된다.

3.3. 이동의미차장

이동의미차장의 동사는 [추세성]의미자질을 공유한다. 이는 주체와 객체의 이동을 포괄하고 구체적 사물의 이동과 추상적 사물의 이동으로 양분할 수 있다.

3.3.1. 위치이동어휘-의미군

어떤 경우에는 사건의 주체가 비의지성적이고 어떤 경우에는 의지성 주체가 비적극성 행위로 표현된다. 이때 주체의 의미역은 "당사자"이다.

(1) 편지가 어머니한테 갔다.

(2) 그는 산에서 떨어졌다.

예문(1)에서의 주체는 비의지적이다. 그러나 예문(2)에서의 주체는 의지적인 것으로 이는 다시 두 가지로 해석될 수 있다. 하나는 주체의 적극적인 행위이고 또 하나는 주체의 비적극적인 행위이다. 전자의 경우, 사건 주체의 의미역은 "행위주"이어야 하고 후자의 경우 사건 주체의 의미역은 "당사자"이어야 하다.[44)]

위치이동 동사는 사건에서의 장소의 선택에 따라 다음 몇 가지 의미유별로 구분할 수 있다.

1) 유표위치이동 : 기점 또는 종점을 기준한다.

기본의미구조 : 행위주＋방향｜종점｜기점＋동사/

　　　　　　　당사자＋방향｜종점｜기점＋동사

기본통사구조 : N0 V

그는 도서관에 갔다.
행위주　방향　동사

비행기가 상해에서 날아온다.
**　당사자　　기점　　　동사**

이 부류에 속하는 동사로는 또 "가다1, 달리다, 헤엄치다, 기르다, 출발하다, 떠나다, 도달하다, 도착하다, 닿다, 오다1, 날아오다, 날아가다, 접근하다2, 이르다3, 내려오다1, 내리다1, 들어가다1" 등이 있다.

---

44) 어떤 동사는 의지적 행위를 나타낼 수 있고 어떤 동사는 무의지적 행위를 나타낼 수 있지만 어떤 동사는 양자를 다 나타낼 수 있는 가능성이 있다. 이런 경우에는 주어가 행위주인지 대상인지 명확하지 못하다. 그래서 "그는 산에서 굴려내렸다."는 중의성이 있다.

2) 무표위치이동 : 명확한 기점 또는 종점이 없는 위치이동이다.

> 기본의미구조 : 행위주＋동사
> 기본통사구조 : N0 V

그는 길가에서 걷고 있다.
행위주   동사

이 부류에 속하는 동사로는 또 "다니다, 뛰다, 헤엄치다, 산책하다, 날아다니다" 등이 있다.

3) 상대위치이동 : 어느 지점을 상대로 하는 위치이동이다.

> 기본의미구조 : 행위주＋경로＋동사
> 기본통사구조 : N0 N1－을 V

그는 벽을 넘었다.
행위주 경로   동사

이 부류에 속하는 동사로는 또 "지나다, 건너다, 넘다" 등이 있다.

3.3.2. 참여어휘－의미군

주체가 의지적으로 어느 조직이나 단체에 가입하는 행위를 가리킨다.

> 기본의미구조 : 행위주＋장소＋동사
> 기본통사구조 : N0 N1－에 V

아들은 군대에 갔다.
행위주   장소   동사

이 부류에 속하는 동사에는 "가입하다, 참가하다, 참석하다" 등이 있다.

여기서 "장소"는 추상적인 장소인데 이 의미역을 담당하는 것은 "회의, 조직, 군대, 정당" 등이 있다.

3.3.3. 운반어휘-의미군

이 부류의 동사는 비교적 많기에 다음과 같은 몇 가지의 의미유별로 귀납된다.

1) 방치 : 놓다, 얹다, 넣다, 바르다, 주입하다, 기울이다
2) 차림 : 입다1, 쓰다2, 끼다.
3) 은닉 : 감추다, 가리다, 숨기다, 잠기다, 묻다2
4) 던짐 : 던지다, 발사하다, 쏟다, 붓다
5) 섭취 : 먹다1, 마시다, 피우다, 들다1, 자시다, 잡수다, 삼키다, 처먹다, 들이마시다, 들이켜다,먹다, 마시다, 흡수하다
6) 이동 : 움직이다2, 밀다, 이끌다1, 들다1, 가지다3, 당기다, 메다, 엎다
7) 운송 : 운반하다, 나르다, 옮기다, 수입하다, 수출하다
8) 꺼냄 : 줍다, 집다, 뽑다, 빼다, 꺼내다
9) 몸움직임 : 돌리다1, 들다2, 뜨다
10) 자연현상 : 휩쓸다

기본의미구조 : 행위주＋수동자＋동사/

　　　　　　　행위주＋수동자＋장소＋동사

기본통사구조 : N0 N1－을 V/ N0 N1－을 N2－에 V

그는 수류탄을 멀리 던졌다.
그는　손을　들었다.
행위주 수동자　　동사

```
그는     수류탄을    상자에 넣었다.
철수는  나무기둥을 벽에    받쳤다.
그는     색종이를    창문에 발랐다.
행위주   수동자       장소    동사
```

3.3.4. 급여어휘-의미군

급여/획득류 동사는 은성적 영속관계를 띠고 있는데 주체의 행위가 의지적인 것임을 감안하여 물리동사로 분류시킨다. 급여류 동사는 사건 주체가 직접객체(수동자)를 간접객체(수혜자)에게 전하는 것을 나타낸다. 이는 유상적 급여류와 무상적 급여류로 양분할 수 있다.

1) 증송(무상적) : 사건 주체가 직접객체를 간접객체에게 무상적으로 보내주는 행위를 나타낸다.

```
기본의미구조 : 행위주+수혜자+수동자+동사
기본통사구조 : N0 N1-에게 N2-을 V /
                    N0 N1-에 N2-을 V
```

```
그는 아버지에게 선물을 보냈다.
행위주  수혜자      수동자    동사
```

```
그는     꽃에 물을 주었다.
행위주 수혜자 수동자  동사
```

"수혜자" 의미역을 담당하는 명사성분이 "사람"일 경우에 다시말하면 N1이 [+사람]의미자질을 가지고 있을 때, "수혜자"의 표층격은 "에"가 아닌 "에게"이다.

이 부류에 속하는 동사로는 또 "드리다, 증정하다, 증송하다, 올리다, 선사하다, 내주다, 이바지하다, 발급하다, 상주다, 공급하다, 반환하다, 수여하다, 치르다, 전해주다, 축하하다" 등이 있다.

2) 판매(유상적) : 사건 주체가 직접객체를 간접객체에게 무상적으로 보내주는 행위를 나타낸다. 위와 마찬가지로 "수혜자"의미역을 담당하는 명사성분이 "사람"일 경우에 다시말하면 N1이 [+사람]의미자질을 가지고 있을 때 "수혜자"의 표층격은 "에"가 아닌 "에게"이다.

> 기본의미구조 : 행위주＋수혜자＋수동자＋동사
> 기본통사구조 : N0 N1－에게 N2－을 V/
> 　　　　　　　　N0 N1－에 N2－을 V

그는 나에게 그 책을 팔았다.
행위주　수혜자　수동자 동사

그는 학교에 집을 팔았다.
행위주 수혜자 수동자　동사

이 부류에 속하는 동사들은 "판매하다, 이양하다, 부치다1" 등이 있다.

3.3.5. 획득어휘－의미군

"급여"류 사건과 마찬가지로 "획득"류 사건은 획득자에게 있어서 주동적이고 의지적인 행위이다. 그러면 획득 행위의 결과만 강조해서는 안된다. 이는 "얻음"류와 다르게 된다. 후자는 결과를 강조하는데 이러한 결과는 일반적으로 다른 대상에게 아무런 직접적 손실을 주지 않는다. "그는 선생님의 좋은 평가를 받았다." 여기서 "좋은 평가"는 사건 주체 "그"가 주동적으로 적극적으로 쟁취하여 얻은 것이 아니기에 아닌 행위로 구문의 동사가 [－적극성]의미자질을 구현하고 있다. 그러나 "획득"류 동사는 [＋적극성], [＋제어성]의미자질을 띠고 있다. "급여" 류 동사와 마찬가지로 "수동자"를 담당하는 객체가 추상적이 아니고 구체적일 것을 요구한다.

1) 강요 : 사건 주체가 무상적으로 객체를 받아내는 행위를 나타낸다.

> 기본의미구조 : 행위주＋내원＋수동자＋동사
>
> 기본통사구조 : N0 N1－에서 N2－을 V /
>
>   N0 N1－에게서 N2－을 V

도적들은 공장에서 생산물자를 훔쳤다.
부패한 공무원은 민원인에게서 뇌물을 먹는다.
행위주　　　내원　　　　수동자　　　동사

이 부류에 속하는 동사로는 또 "약탈하다, 훔치다, 빼앗다, 내려받다, 구출하다, 기다, 인양하다, 받아들이다, 탈세하다" 등이 있다.

2) 구매 : 사건 주체가 유상적으로 객체를 받아내는 행위를 나타낸다.

> 기본의미구조 : 행위주＋내원＋수동자＋동사
>
> 기본통사구조 : N0 N1－에서 N2－을 V /
>
>   N0 N1－에게서 N2－을 V

그는 상점에서 책을 사왔다.
그는 동창에게서 책을 사왔다.
행위주　내원　　　당사자　동사

단, "내원"의미역을 담당하는 논항은 "사람"일 때, 다시말하면 N1의 의미자질이 [＋생명체]일 때, "내원"의미역의 표층격은 "에서"가 아니라 "에게서"이어야 하다.

이 부류에 속하는 동사들로는 "사다, 구입하다, 구매하다, 조달하다, 사들이다" 등이 있다.

3.3.6. 전파어휘-의미군[45]

급여류 동사든지 획득류 동사든지 이들 동사가 형성한 의미구조에서 위치이동이 발생하거나 소속관계가 변동된 사물 즉 수동자는 일반적으로 구체적 사물이다(어떤 경우에는 추상적 사물임). 급여류 동사와 획득류 동사에 있어서 "수동자"가 위치이동이 발생하거나 소속관계가 변동된 후 원래 수령주가 그에 대한 소유권을 상실하게 되지만 언행류 동사(전파 또는 탐색)에 있어서 정보나 소식이 전송된 후 원래 수령자가 정보나 소식을 상실하지 않게 된다.

전파동사는 사건 주체(알리는 이)의 의지성 유무에 따라 두 가지로 나누어질 수 있다. 하나는 사건 주체가 의식적으로 소식을 객체에게 전달하는 행위이다. 알리는 이는 개인이기도 하고 사람의 의지를 대표하는 기구이기도 하다. 객체인 수혜자는 개인이기도 하고 대중이기도 하다. 이런 동사는 알림류 동사라 한다. 다른 하나는 사건 주체가 무의식적으로 정보를 드러내는 행위이다. 사건 주체가 개인이기도 하고 사물이기도 하다. 객체인 수혜자가 명확하지 않을 수 있다. 일반적으로 통사적 표현이 나타나지 않는다. 이런 동사는 폭로류 동사라 한다.

1) 알림 : 사건 주체가 의식적으로 소식을 상대방에게 전달하는 행위를 나타낸다.

> 기본의미구조 : 행위주＋수혜자＋내용＋동사
>
> 기본통사구조 : N0 N1－에게 N2－을 V

그는 학생들에게 노래를 배워준다.
행위주　수혜자　　내용　　　동사

---

45) 권재일은 "한국어 언어행위류 동사구문에 대한 기술"에서 "말하다"류, "묻다"류, "명령하다"류와 "제안하다"류 동사로 분류시킨다(국어학연감 2001, p.1114).

이 부류에 속하는 동사로는 또 "말하다, 부르다, 가르치다, 알리다, 해석하다, 선포하다, 전달하다, 내리다3, 보고하다, 답장하다, 회답하다, 경고하다, 설명하다, 해석하다, 통지하다, 발표하다, 외우다, 반포하다, 선포하다, 전해주다, 축하하다, 이르다1" 등이 있다.

2) 폭로 : 사건 주체가 의지성을 가지는 생명체이고 의미역이 행위주이다. 이는 성상을 나타내는 표현류 동사와 다르다.

기본의미구조 : 행위주(+수혜자)+내용+동사

기본통사구조 : N0(N1−에게)N2−을 V

그는 느낌을 글로 나타낸다.
행위주   내용   동사

이 부류에 속하는 동사로는 또 "드러내다, 보이다, 표현하다, 나타내다1" 등이 있다.

3.3.7. 탐색 어휘−의미군

전파 동사는 정보를 상대방에게 전달하는 행위이지만 탐색 동사는 상대방한테서 정보나 소식을 알아보는 행위를 나타낸다. 양자의 구별은 급여 동사와 획득 동사의 구별과 마찬가지이다. 탐색 동사는 두 가지 의미 유별로 세분할 수 있다.

1) 문의 : 사건 주체가 주동적으로 어떤 일에 대해 묻는 방식으로 어떤 정보를 획득한다.

기본의미구조 : 행위주+내원+내용+동사

기본통사구조 : N0 N1−에게서N2−을 V

그는 아버지에게서 소식을 들었다.
행위주   내원   내용   동사

이 부류에 속하는 동사로는 또 "알아보다, 묻다1, 요해하다" 등이 있다.

2) 탐측 : 사건 주체가 주동적으로 어떤 일에 대해 조사하거나 탐구하여 어떤 결과를 획득한다.

> 기본의미구조 : 행위주+내원+내용+동사
> 기본통사구조 : N0 N1-에게서/에서 N2-을 V

그는 아버지에게서 지식을 많이 배웠다.
그는 인터넷에서 그 어휘를 찾아냈다.
행위주   내원   내용   동사

이 부류에 속하는 동사로는 또 "따지다, 조사하다, 탐색하다" 등이 있다.

3.4. 작용의미차장

3.4.1. 창조어휘-의미군

사건 주체가 어떤 산품을 직접 만들어내는 행위이다. 이 산품은 구체적 사물이어도 되고 추상적 사물이어도 관계없다.

1) 제조 : 사건 주체가 만들어낸 산품은 구체적인 것이다.

> 기본의미구조 : 행위주+성과+동사
> 기본통사구조 : N0 N1-을 V

어머니는 밥을 만들었다.
그는 빵을 굽었다.
행위주 성과 동사

이 부류에 속한 동사로는 또 "건설하다, 건축하다, 가지다2, 굽다2, 짓다1, 새기다1, 제조하다, 건축하다, 가설하다, 품다2, 제정하다, 낳다, 누비다, 짜다, 찍다, 엮다2" 등이 있다.

2) **창작** : 사건 주체가 만들어낸 산품은 추상적인 것이다.

기본의미구조 : 행위주＋성과＋동사

기본통사구조 : N0 N1－을 V

김 교수님은 새로운 책을 써냈다.
　행위주　　　　성과　　　동사

이 부류에 속하는 동사로는 또 "확립하다, 창건하다, 짓다2, 창작하다, 출판하다, 쓰다1, 그리다2, 통계하다, 설계하다, 내다, 맺다2, 연제하다, 꾸미다2, 세우다2, 창립하다, 엮다3" 등이 있다.

지적할 필요가 있는 것은 "뚫다, 파다, 가꾸다, 깎다"등 동사로는 교차적 형태가 구비되어있는 것이다. 예컨대,

a. 아저씨는 땅에 연못을 팠다.
b. 아저씨는 땅을 팠다.

본 논문의 관점에 의하면 이런 경우는 형태동사의 부동한 의미항(의미변체)로 간주된다. 그것은 그들의 통사의미구조에 변화가 생겼기 때문인데 동사 "만들다" 등에 있어서 그 통사구조가 "N0 N1－로 N2－을 V"이기도 하고 "N0 N1－을 N2－로 V"이기도 하다. 예컨대,

    a. 그는 쌀로 밥을 만들었다.
    b. 그는 쌀을 밥으로 만들었다.

제1통사구조와 대응하여 그 의미구조가 "행위주+재료+결과+동사"이어야 하다. 제2통사구조와 대응하여 그 의미구조가 "행위주+수동자+결과+동사"이어야 한다.

그리고 "꾸미다, 짓다"와 같은 개별적인 동사는 그 결과인 산품이 구체적이기도 하고 추상적이기도 하다.

3) 취득 : 사건 주체가 만들어낸 산품은 성적, 성적등급 등이다.

> 기본의미구조 : 행위주+성과+동사
> 기본통사구조 : N0 N1-을 V

그는 꾸준한 노력 끝에 좋은 성과를 거두었다.
행위주　　**성과**　　　　　　　　**동사**

이 부류에 속하는 동사로는 또 "이기다1, 쟁취하다" 등이 있다.

3.4.2. 명명어휘-의미군

사건 주체가 객체에게 어떤 신분을 부여하는 행위이다.

1) 선거 : 사건 주체가 객체를 임명하거나 선거하는 행위이다.

> 기본의미구조 : 행위주+수동자+결과상대+동사
> 기본통사구조 : N0 N1-을 N2-로 V

국민들은 노무현을 대통령으로 선거하였다.
행위주　　**수동자**　　**결과상태**　　　　**동사**

이 부류에 속하는 동사로는 또 "임명하다, 추천하다, 판결하다" 등이 있다.

2) 호칭 : 사건 주체가 객체를 호칭하는 행위이다.

> 기본의미구조 : 행위주＋수동자＋결과상대＋동사
> 기본통사구조 : N0 N1－을 N2－라고 V

사람들은 그를 벙어리라고 부른다.
행위주　수동자　결과상태　동사

이 부류에 속하는 동사로는 또 "이름짓다" 등이 있다.

3) 간주 : 사건 주체가 객체를 다른 객체로 간주하는 행위이다.

> 기본의미구조 : 행위주＋수동자＋결과상태＋동사
> 기본통사구조 : N0 N1－을 N2－로 V

나는 김 선생의 딸을 며느리로 삼을 것이다.
행위주　수동자　결과상태　동사

이 부류에 속하는 동사로는 또 "비유하다, 간주하다, 취급하다" 등이 있다.

3.4.3. 개변어휘−의미군

사건 주체가 객체의 상태를 개변하는 동작행위이다. 이 경우 상태는 추상적상태와 구체적 상태를 망라한다.

1) 치환 : 사건 주체가 객체를 다른 구체적 상태로 변환하는 동작행위이다.

기본의미구조 : 행위주＋수동자＋결과상태＋동사

기본통사구조 : N0 N1-을 N2-로 V

철수네는 지난해 뒷마당을 텃밭으로 바꾸었다.
　　행위주　　　　　수동자　　결과상태　　동사

　이 부류에 속하는 동사로는 또 "만들다2, 바꾸다2, 변환하다, 변경하다, 고치다, 교환하다, 갱신하다, 바꾸다, 분장하다, 오기하다, 용해(融解)하다, 치환하다, 환원하다, 엮다4" 등이 있다.

　2) 개작 : 사건 주체가 객체를 다른 추상적 상태로 변환하는 동작행위이다.

기본의미구조 : 행위주＋수동자＋결과상태＋동사

기본통사구조 : N0 N1-을 N2-로 V

그들은 노신의 소설을 영어로 번역하였다.
　행위주　　　수동자　　결과상태　　동사

　이 부류에 속하는 동사로는 또 "개작하다, 개편하다, 갱신하나, 번역하다" 등이 있다

3.4.4. 지배어휘-의미군

사건 주체가 객체를 관리하거나 제어하거나 처리하는 행위이다.

　1) 제어 : 사건 주체가 객체를 제어하는 행위이다.

기본의미구조 : 행위주＋수동자＋동사

기본통사구조 : N0 N1-을 V

저 젊은이는 큰 회사를 관리하고 있다.
    행위주   **수동자**   **동사**

이 부류에 속하는 동사로는 또 "다루다, 영도하다, 조종하다, 제어하다, 단속하다, 파면하다, 조작하다, 고발하다, 이기다2, 점령하다, 지배하다, 사용하다, 몰다, 저지하다" 등이 있다.

2) 처리 : 사건 주체가 객체를 처리하는 행위이다.

> 기본의미구조 : 행위주＋수동자＋동사
> 기본통사구조 : N0 N1－을 V

학교에서 이 일을 처리하였다.
    행위주   **수동자**   **동사**

이 부류에 속하는 동사로는 또 "처벌하다, 체포하다, 극복하다, 자르다2" 등이 있다.

3.4.5. 물리작용어휘－의미군

사건에서 의미적인 주체가 가공하거나 부딪치는 방식 등으로 객체에 작용하는 동작이다. 동작 작용의 방식과 정도에 따라 "타격, 분리, 접촉, 발굴, 가공, 개폐, 관찰, 방해" 등 의미유별로 구분할 수 있다. "방해" 류 동사구문에서 행위주가 무생명체이고 무의도적 행위이지만 본문의 관점에 따라 의인화표현으로 간주하여 [의지성]의미자질을 띠는 행위주로 처리한다.

1) 타격 : 틀다, 차다, 치다, 때리다, 물다, 비틀다, 꼬집다, 졸이다, 죽무드리다

2) 분리 : 자르다, 따다, 베다, 떼다, 부수다, 깨다, 벗기다, 고르다, 가르

다, 나누다3, 찢다, 째다, 가리다, 끊다1, 까다, 파괴하다, 벗다

3) **접촉** : 만지다, 타다1,비비다1, 밟다, 뽀뽀하다, 문지르다, 딛다, 누르다, 짓누르다

4) **가공** : 죽이다, 가꾸다1, 깎다1, 가다듬다, 수리하다, 반주하다, 튀기다, 빗다, 씻다, 감다, 꾸미다1, 고치다

5) **발굴** : 뚫다1, 파다1, 채굴하다

6) **개폐** : 열다, 닫다, 잠그다, 끄다, 켜다, 채우다, 접다, 쌓다, 묶다, 싸다, 감싸다, 풀다, 번지다, 둘러싸다, 막다, 덮다

7) **관찰** : 보다, 읽다, 듣다1, 분석하다, 검사하다, 관찰하다, 연구하다, 측정하다, 계산하다

8) **방해** : 불다2, 방해하다, 오염하다" 등이 있다.

기본의미구조 : 행위주＋수동자＋동사

기본통사구조 : N0 N1－을 V

그는 조심스럽게 발판을 디디었다.
강풍이 입간판을 전부 쓰러뜨렸다.
행위주　　수동자　　　　동사

3.4.6. 대접어휘-의미군

사건 주체가 어떤 태도나 방식으로 객체를 접대하는 행위이다.

1) **접대** : 사건 주체가 어떤 태도로 객체를 다룸의 행위를 하는 것이다.

기본의미구조 : 행위주＋수동자＋동사

기본통사구조 : N0 N1－을 V

우리는 선생님을 기다렸다.
나는 화가 난 민호를 달랬다.
행위주   수동자   동사

이 부류에 속한 동사는 또 "중요시하다, 사기하다, 외면하다, 피하다, 노리다, 겨누다1, 속이다, 가까이하다1, 멀리하다" 등이 있다.

2) 도움 : 사건 주체가 객체를 협조하는 행위이다.

> 기본의미구조 : 행위주＋수동자＋동사
>
> 기본통사구조 : N0 N1－을 V

대통령은 나와서 난민을 위로하였다.
행위주   수동자   동사

이 부류에 속하는 동사로는 또 "돕다, 협조하다, 보조하다, 지원하다, 지도하다, 모시다, 데리다, 보호하다" 등이 있다.

3) 의지 : 사건 주체가 객체를 의거하는 행위이다.

> 기본의미구조 : 행위주＋수동자＋동사
>
> 기본통사구조 : N0 N1－을 V

그들은 규율을 잘 지킨다.
행위주 수동자   동사

이 부류에 속하는 동사로는 또 "위반하다, 복종하다, 기대다2" 등이 있다.

3.4.7. 조우어휘-의미군

사건 주체가 비주동적으로 혹은 피동적으로 어떤 사물을 접수하거나 상실하는 행위이다.

1) 조우 : 사건 주체가 비주동적으로 객체를 접수하는 행위이다.

> 기본의미구조 : 당사자+수동자+동사
> 기본통사구조 : N0 N1-을 V/
> N0 N2-에게서 N1-을 V

그 여자는 스키를 타다가 왼발을 약간 다쳤다.
  당사자   **수동자**   **동사**

이 부류에 속하는 동사로는 또 "맞다1, 받다, 먹다3, 만나다2" 등이 있다.

2) 상실 : 사건 주체가 비주동적으로 객체를 상실하는 행위이다.

> 기본의미구조 : 당사자+수동자+동사
> 기본통사구조 : N0 N1-을 V

등산객이 산에서 길을 잃었다.
  당사자   **수동자 동사**

이 부류에 속하는 동사로는 또 "미지다, 손실하다, 지다2, 입다2" 등이 있다.

3.5. 사역의미차장

사역 의미차장의 동사는 [+사역성]의미자질을 공유한다. 이들 동사로 구성한 사건에는 사역주(causer)인 의미역이 있는데 이는 사건의 주체가 발전하거나 변화하거나 어떤 동작을 실시하거나 어떤 상태에 처하도록 하는 것이다.

   (1) 그는 한국어 수준을 높였다.(촉변)

   (2) 그는 작업을 끝마쳤다.(촉진)

   (3) 영희가 아이를 집에서 학교까지 걸렸다.(독촉)

   (4) 그는 영희를 괴롭힌다.(야기시킴)

예문(1)에서 "한국어수준"이 외적 힘인 "그"의 작용에 의하여 "낮은" 상태에서 "높은" 상태로 되었다. 예문(2)에서 "작업"이 외적 힘인 "그"의 작용에 의하여 "진행" 상태에서 "끝마침" 상태로 되었다. 예문(3)에서 "아이"가 외적 힘인 "영희"의 작용에 의하여 "집"에서 "학교"에 가는 동작을 완성하였다. 예문(4)에서 "영희"가 외적 힘인 "그"의 작용에 의하여 "괴롭다"란 상태에 처하게 되었다.

3.5.1. 촉변어휘-의미군

사건 주체가 객체의 상태를 변화시키는 행위이다. 여기서 사건 주체가 객체 변화의 원인인 외적 힘으로 된다. 이 외적 힘은 의미적인 주체의 적극적인 행위를 말한다.

기본의미구조 : 사역주＋당사자＋동사

기본통사구조 : N0 N1－을 V

그는 한국어 수준을 높였다.
사역주　　**당사자**　　　　**동사**

이 부류에 속하는 동사로는 또 "낮추다, 늘이다, 늦추다1, 늦추다2, 녹이다, 돋우다, 곱히다, 분리시키다” 등이 있다.

이 부류 동사는 “변화”류 동사의 사역형이다. 그래서 주어 논항이 부여받는 의미역은 행위주가 아닌 사역자이다. 목적어 논항이 부여받는 의미역은 “수동자”가 아니인 “당사자”이다.

3.5.2. 촉진어휘-의미군

사건 주체가 객체로 하여금 시간상에서 발전하도록 하는 행위이다.

기본의미구조 : 사역주＋당사자＋동사
기본통사구조 : N0 N1-을 V

그들은 회의를 시작하였다.
사역주　당사자　　동사

이 부류 동사도 “변화”류 동사의 사역형이다. 그래서 주어 논항이 부여받는 의미역은 사역자이고 행위주가 아니다. 목적어 논항이 부여받는 의미역은 “당사자”이고 “수동자”가 아니다.

이 부류에 속하는 동사로는 또 “시작하다, 진행시키다, 발전시키다, 앞당기나, 미루다, 끝내다, 멈추다, 세우다, 추진하다, 보급하다, 밀우다, 연기하다, 중난하다” 등이 있다.

3.5.3. 야기시킴어휘-의미군

사건 주체가 객체로 하여금 어떤 정신상태에 빠져있도록 하는 행위이다. 사건에서의 객체역할은 “경험주”이다.

기본의미구조 : 사역주＋경험주＋동사
기본통사구조 : N0 N1-을 V

그는 영희를 괴롭힌다.
이 사건은 사람들을 놀라웠다.
　　　사역주　　　경험주　　　동사

이 부류에 속한 동사로는 또 "경악시키다" 등이 있다.

3.5.4. 독촉어휘-의미군

사건 주체가 객체로 하여금 주체의 의도를 실현하도록 하는 행위이다. 다시말하면 주체는 객체가 어떤 동작이나 행위를 수행하도록 하는 것이다.

> 기본의미구조1 : 사역주＋행위주＋동사
>
> 기본통사구조 : N0　N1－을　V

영이가 아이를 집에서 학교까지 걸렸다.
사역주　행위주　　　　　　　　　　동사

> 기본의미구조2 : 사역주＋행위주＋수동자＋동사
>
> 기본통사구조 : N0　　N1－에게　N2－을　V

나는 그에게 잘못을 주의시켰다.
그는 소에게 달구지를 끌리었다.
사역주　행위주　　수동자　　　동사

이 부류에 속하는 동사로는 또 "시키다, 독촉하다, 이르다2, 타이르다, 파견하다, 명령하다, 청구하다, 초청하다, 당부하다" 등이 있다.

"시킴"류 동사와 "촉진/촉변"류 동사의 구별은 하나는 "행위주"가 나타나고 하나는 "당사자"가 나타나는 것이다. "발전시키다"는 객체로 하여금 시간상에서 진전하도록 하는 것이다. 예컨대,

그는 소에게 달구지를 끌리었다.
사역주　행위주　　수동자　　　동사

그는 국가 경제를 발전시키다.
사역주   당사자   동사

  어떤 뜻에서 보면, 어떤 동사(예컨대, 막다 등)도 [사역성] 의미자질을 가진다 말할 수 있다. "막다"를 "지나갈 수 없게 하다"로 이해할 수도 있다는 것이다. 그러나 이 부류 동사는 통사적으로 볼 때, 타동일 뿐만 아니라 의미적으로 볼 때도 "행위주-수동자" 관계가 더욱 뚜렷하다. 그리서 이들 동사를 다른 부류로 귀속시킨다. 그밖에 "죽이다"와 같은 동사는 어원적으로 볼 때, 사역형태이지만 의미적으로 볼 때도 "죽이다"가 [사역성] 의미자질을 가지고 있다. 예문 "그는 그 놈을 죽였다"에서 주어인 "그"는 "사역주(causer)"이고, 직접보어인 "그 놈"은 "당사자"이다. Chafe(1980)는 영어 단어 "kill"에 대해서도 이렇게 해석하였다. 그러나 본문에서는 행위의 관점에서 "그"는 "행위주(agent)"이고 직접보어 "그 놈"은 "수동자(patient)"이라고 본다. 왜냐하면 "죽이다"는 주체가 객체를 직접적으로 작용하는 물리행위이기 때문이다. 그 뜻은 "살해(殺害)하다"의 의미이다. 그래서 본문에서는 이를 "작용"류 동사에 귀입시킨다. 여기서 말하는 "시킴" 류 동사는 주체가 객체가 어떤 동작을 수행하도록 하는 행위이다. 그 통사구조는 다음과 같이 분석할 수 있나. "공부시키다"를 예로 하면 다음과 같다.

    a. 어머니는 아들을 공부시키다.
    b. 어머니는 시킨다.
    c. 아들이 공부한다.
    d. 어머니는 [아들이 공부하]-시킨다.

  문장 a는 b와 c의 합성이고 그 구조는 d인데 복합구조에 속한다. C는 b의 부속성분으로 간주할 수 있다.
  동사 "먹이다" 예문들을 보자.

a. 어머니는 아이에게 젖을 먹인다.
b. 어머니는 소를 풀을 먹인다.
c. 어머니는 소를 먹인다.
d. 어머니는 소를 기른다.
e. 어머니는 아들을 공부시킨다.

예문 a와 b는 전형적인 것이다. 예문 c와 d는 뜻이 다르지만 예문 e의 통사구조와 같고 형태도 사역형이다. 그러나 예문 c의 "먹이다"는 "죽이다"와 마찬가지로 동사와 보어 사이의 관계가 "행위주-수동자"인 관계이지만 예문 e에서 동사와 보어 사이의 관계가 "행위주-수동자"가 아니다. 그래서 "먹이다"가 의미적으로 두 가지로 해석될 수 있다.

3.6. 정신활동의미차장[46)

3.6.1. 감지어휘-의미군

사건 주체가 객체에 대한 인지를 나타낸다.

> 기본의미구조 : 경험주＋감지대상＋동사
>
> 기본통사구조 : N0 N1-을 V

철수는 이상한 냄새를 맡았다.

---

46) 심리동사에 관해 학계에서 인식이 같지 않다. 그 주요 원인은 심리활동의 범위에 대한 사람들의 인식이 같지 않은데 있다. 어떤 학자들은 심리동사의 범위를 크게 볼 것을 주장하고 어떤 학자들은 심리동사의 범위를 엄격히 제한할 것을 주장한다. 범위가 가장 좁은 경우동사 "좋아하다, 사랑하다, 미워하다, 동정하다, 그리다" 등 정서류 동사만을 한정한다. 범위는 좀 넓게 보는 학자들이 심리동사에 "알다, 여기다, 느끼다, 기억하다, 요해하다" 등 인류의 인지활동에 속하는 동사들도 포함시킨다.

봄에는 누구나 쉽게 피로를 느끼게 된다.
경험주　감지대상　　　　　동사

이 부류에 속하는 동사로는 또 "보다1, 듣다, 겪다, 쇠다2" 등이 있다.

3.6.2. 심리활동어휘-의미군

이는 사건 주체가 객체에 대한 인지를 나타낸다.[47]

1) 사고：사건 주체가 객체에 대해 보여주는 사고인식을 나타낸다.

> 기본·의미구조 : 경험주＋감지대상＋동사
> 기본통사구조 : N0　N1－을　V

그제서야 나는 내 잘못을 깨달았다.
경험주　　　　　감지대상　　동사

이 부류에 속한 동사는 또 "알다, 이해하다, 인식하다, 추리하다, 깨닫다, 생각하다, 사색하다, 맞추다, 추측하다, 상상하다, 고려하다" 등이 있다.

2) 확인：사건 주체가 객체에 대해 확인한 태도를 보여주는 것을 나타낸다.

> 기본의미구조 : 경험주＋감지대상＋동사
> 기본통사구조 : N0　N1－을　V

그는 아직도 유령의 존재를 믿고 있다
경험주　　　　　감지대상　　동사

---

47) 변정민(2001)은 인지동사를 '생각하다', '알다', '판단하다'와 '믿다' 등 네 가지로 나눴다.

이 부류에 속하는 동사로는 또 "결정하다, 긍정하다" 등이 있다.

3) 찬성: 사건 주체가 객체에 대해 의견이나 태도를 보여주는 것을 나타낸다.

기본의미구조 : 경험주＋감지대상＋동사

기본통사구조 : N0 N1－을 V/ N0 N1－에 V

그들은 우리의 의견에 동의하였다.
사람들은 우리의 의견을 반대하였다.
경험주　　　　감지대상　　　　동사

이 부류에 속하는 동사로는 또 "찬성하다, 칭찬하다, 반대하다, 주장하다" 등이 있다.

3.6.3. 판단어휘－의미군

이는 사건주체가 객체에 대해 결론성 판단을 내리는 것을 나타낸다.

기본의미구조 : 경험주＋감지대상＋결과상태＋동사

기본통사구조 : N0 N1－을 V

법정에서 그를 살인범이라고 오판하다.
나는 그를 훌륭한 사람이라고 여긴다.
경험주 감지대상　　결과상태　　　　동사

이 부류에 속하는 동사로는 또 "판단하다, 보다2" 등이 있다.

제6장 동사 의미결합관계의 NLP에서의 응용

　인류가 정보화시대에 들어서게 되면서 지식경제 시대가 빠르게 다가오고 있다. 지식경제 시대에서 지식은 원재료, 토지, 자본보다 더욱 중요한 경제적 요소이다. 지식산업(정보산업)은 차세대 생산력을 대표하고 있는데 세계가 공업화 시대로부터 지식경제 시대로 과도(過渡)하는 선도적(先導的) 산업이며 지식경제의 기둥산업이기 때문이다. 지식산업의 발전수준을 한 국가의 종합국력을 고찰하는 중요한 표준으로 되어 가고 있다. 정보와 지식의 가장 직접적인 표상은 자연언어라 할 수 있다. 그래서 지식경제 시대의 경쟁은 최종적으로 정보처리기술과 자연언어 이해 연구로 구현되고 있다. 지식표상과 지식획득을 위해서는 정보처리기술과 자연언어이해는 반드시 짚고 가야 할 중요한 문제다.

　컴퓨터로 자연언어를 처리하는 것은 본질적으로 컴퓨터로 인간이 현실 언어환경에서 언어를 다루거나 생성하는 과정을 컴퓨터에 재생하는 것이다. 이러한 재생 작업은 언어지식과 비언어직 지식을 파악하거나 사용함을 기반으로 한다. 언어지식의 획득과 컴퓨터에서의 표상은 자연언어처리의 기본이고 상식과 같은 비언어지식은 언어 내적인 것보다 더욱 어렵고 차원이 높은 문제이다. 지금까지 지식획득과 지식표상에 대한 연구는 주목을 받아 있을 뿐만 아니라 지식표상 방법도 많이 나오고 있다(陸汝鈴, 1985). 그러나 보편적 언어이해 모형에 부합되는 완벽한 지식표상 방법은 아직 없다. 의미론 이론연구와 정보처리기술의 발전 수준은 직접적으로 의미지식 프로젝트의 건설에 영향을 미치고 있다. 전자는 대체로 의미지식의 표상 방법에 구현되어 있고 후자는 의미지식 데이터 베이스의 규모와 구체적 지식내용에 구현되어 있다.

결론적으로 보면 의미지식의 작용은 자동분석과정에서 부딪치게 되는 통사구조에 의한 중의성이나 또는 다의성을 가진 어휘에 의한 중의성을 피할 수 있게 한다(詹衛東, 2001).

지식체계구축의 주요한 문제는 일반적으로 지적되는 지식의 획득과 표상의 문제이다. 지식은 서로 연관된 관계를 가진 체계여야 하고 이러한 관계들은 개념사이의 관계여야 하는데, 특히 더욱 중요한 것은 그 개념이 가지고 있는 개념 속성간의 관계여야 한다는 것이다. 이런 두 층의 관계를 충분히 설명할 수 있고 그 설명을 형식화해 낼 수 있을 때 비로소 컴퓨터 처리체계나 지식 데이터 베이스를 구축할 수 있게 된다.[48]

제1절 동사 의미정보의 지식데이터베이스에서의 표상

문법론에서의 형식이란 개념은 두 가지 뜻을 내포하고 있다. 첫째는 기술의 형식화인데 간결하고 정밀하고 수학적 도식의 의미를 가지고 있다. 이는 방법론적 개념이다. 둘째는 의미와 내용과의 상대에서 비롯된 형식이다. 이 차원에서 형식주의는 주로 본체론적 개념으로 반영되어 있다. 본체론적으로 볼 때 문법론은 의미론이 아니고 화용론도 아니다. 문

---

48) 董振東의 "知网(How-Net)" www.knowlage.com와 관련 논술을 참조.

법론은 언어형식을 기반으로 한다. 그래서 형식 상에서 검증되지 못한 의미분석은 문법연구에 있어서 아무런 가치가 없다(朱德熙, 1985). 문법분석은 형식을 위주로 해야 한다. 형식은 줄처럼 전반 문법연구를 꿰고 내재적 일치성(內在的 一致性)을 가지는 체계를 형성할 수 있다. 형식분석은 문법이 하나의 독립적인 학문으로 될 수 있게 해주는 기초이다. 이것은 형식주의학파가 현대문법론의 주류학파로 되는 중요한 원인이기도 하다.

방법론의 차원에서 형식을 광의적으로 이해하여 분석과 기술의 수단과 대상(원시적 언어)을 형식(주관적, 가상적, 인위적 형식)으로 간주한다면 형식화는 모든 현대과학(자연과학이 더욱 그렇다)의 기반으로 거의 다 된다고 할 수 있다. 과학연구의 대상은 천백년이 지나도 변화가 크지 않았다(물론 과학연구의 깊이나 정밀도 면에서 볼 때 큰 변화가 있다). 과학의 발전은 주로 연구수단과 기술수단의 발전에 의해 구현되어진다. "개장수도 올가미가 있어야 하다."란 옛말은 수단이나 도구의 중요성을 잘 설명해주고 있다. 형식이 중요하다는 것은 형식화된 개념만 인간의 사유에서 효율적으로 명확히 다룰 수 있기 때문이다(陸丙甫, 1993).

본문에서는 동사중심론의 관점을 따라 격문법의 의미격인 개념을 발전시켜 상대적으로 완비한 의미역 체계를 구축하고 어휘부이론의 기술 기제를 발굴하여 어휘부와 유사한 형식인 결구체(結構體, formation structure)의 방식으로 동사의미정보 등을 효율적으로 기술한다. 이것은 본문의 이론연구와 기술적 실현의 기본사상이다.

결구체는 지식데이터베이스(knowledge Database)의 논리적 단원으로 의미지식과 통사지식을 포함하고 있다. 다시 말하면 동사와 명사 사이의 의미관계와 그 통사적 표현은 통합되어 결구체의 형식으로 표현되게 된다. 지식의 표현형식 상에서 의미지식은 두 가지 유형을 가지고 있다. 하나는 범주적 지식인데 "속성값"이라는 복합속성집합의 형식으로 기술할 수 있다(詹衛東, 2000). 또 하나는 규칙적 지식인데 조건→동작 이라는 생성식 규칙의 형식으로 기술할 수 있다. 본문에서는 결구체(formation structure)에 의미분류 코드(semantic class code), 한어대역어(Chinese paraphrase), 품사범주정보(class), 통사표달식49)(syntax representation), 의미표달식(semantic representation), 의미자질(semantic feature)과 용례(example) 등 7가지의 성원(항목)을 설치하여 통사적 지식과 의미적 지식을 통합했다. 그래서 이러한 결구체로 이룬 지식데이터베이스는 의미지식(semantic knowledge)과 통사지식(syntax knowledge)을 다 포함하고 있다. 여기서 한국어 통사의미지식 데이터베이스(Korean Syntax-Semantic Knowledge Database, 약칭으로 KSSKD)로 정의된다. 연산의 차원에서 문장의 생성이나 이해에 관계없이 다 지식데이터베이스에서 해당 지식(혹은 정보)을 획득한다.

본문에서 정의한 동사어휘항목의 결구체 양상은 다음과 같다.

SENSE   동사 어휘항목(의미항)

  Code_S   :   의미분류코드
  Chinese :   한어대역어
  Class   :   품사범주정보
  Syn_S   :   통사표달식
  SubSem :   의미자질
  Sem_S   :   의미표달식
  Example :   용례

만약 한 동사가 3개의 의미항을 가진다면 이 동사는 지식데이터베이스에서 3개의 결구체를 하위부류로 가지게 된다.

---

49) 엄격히 말하면 기본 통사구조의 표현형식이다.

도표 6-1 : 동사, 의미항과 결구체 3자 관계

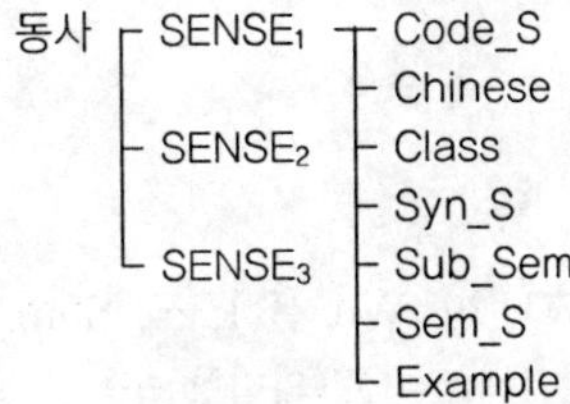

> **지침사항**
>
> ① 동형이의어에 대한 처리 : 표기할 때, 의미항을 구별하기 위해 논리적으로 두자리 수의 아래 첨자로 표기한다. 예컨대, 묻다₁₁, 묻다₁₂, 묻다₂₁, 묻다₂₂. 앞의 숫자 첨자는 동형이의어를 구분하고 뒤의 숫자는 의미항을 구분한다.
>
> ② 앞에서 설명했지만 본문에서 통사를 통해 의미를 기술하는 기술방법을 취하기에 정의된 의미항은 사전에서의 정의와 구별된다. 사전은 뜻의 의미항이고, 여기서 말하는 의미항은 통사의미적 의미항이다. 다음에서 두 가지 의미항으로 처리된다.

(6.1) a. 하늘에 별들이 반짝인다.

   b. 하늘은 별들로 반싹인다.

(6.2) a. 그는 선생님을 만났다.

   b. 그는 선생님과 만났다.

결구체에서는 한어 대역어는 각 의미항에 대한 설명이다. 속성기술은 더욱 구체적이고 상세한 형식화기술이기에 조작성을 구현하고 있다. 운동유개념체계는 의미분류코드로 하나의 전체로 이루어진다. 의미항은 운동류 개념체계의 어휘적 표현형식이고 의미코드는 실질적인 의미관계 코드인데 각 의미항이 전체 의미장에서의 위치 혹은 지위, 그리고 다른 의미항(개념) 사이의 관계를 구현하고 있다.

이런 자료구조관계는 수학적 언어로 다음과 같이 정의할 수 있다.

> Group = (P, R)
>
> 그중에는, P = { W1, …, Wn, S11, …, Snm, C} 1≤n≤Q1(동사
> 수), 1≤m≤Q2(의미항 수)
> R = {R1, R2}
> R1 = {<Wi, Sij>|1≤i≤n, 1≤j≤m, 1≤n≤Q1, 1≤m≤
> Q2} //동사와 의미항 사이의 관계를 표시한다.
> R2 = {<Sj, C>|1≤j≤m, 1≤m≤Q2} //의미항과 결구체
> 사이의 관계를 표시한다.
> W- 형태적 동사
> S- 의미항
> C- 결구체

이상의 정의는 조작대상에 대한 수학적 기술 뿐인데 조작대상에서 추상화해낸 수학적 모형이다. R1,R2관계는 자료 요소(변수) 사이의 논리적 관계를 기술한다. 이 수학적 모형을 따라 컴퓨터로 자료(data)를 다루게 된다.

프로젝트의 실천(자연언어체계)의 차원에서든지 언어학이론연구의 차원에서든지 지식데이터베이스를 구축하는 목적은 한 언어의 형식의 인정과 그 인정을 받을 수 있는 약간의 "언어형식" 사이에 존재하는 변환관계를 기술하는데 있다. 이른바 언어형식 사이의 변환은 연산관계로 형식화적으로 정의될 수 있다.

제2절 동사의 지식데이터베이스의 코드체계

언어공학의 차원에서 의미정보는 적당히 코드화해서 컴퓨터처리에 적용될 수 있다. 의미정보처리는 자연언어처리의 핵심 문제임으로 의미정보의 코드화는 이 문제를 해결하는 가장 중요한 요소가 된다.

2.1. 통사구조와 의미구조의 코드체계

지식데이터베이스 구조에는 통사지식과 의미지식이 표달식의 형식으로 존재하고 있다. 표달식은 형식화적인 표시이다.

통사표달식은 통사구조(심층통사구조)의 형식화적 표시이다. 예컨대,

    (6.2)   a. 그는 책을 읽는다.
              b. N N1-을 V(통사표달식)

통사표달식의 부호체계는 도표로 보이면 다음과 같다.

도표 6-2 : 통사 부사

부 호	부호에 대한 정의
N	명사구
V	동사
A	형용사
0, 1, 2	N과 결합되어 명사구의 통사위치를 표시 -N0 : 주어 -N1 : 제 1 보어 -N2 : 제 2 보어 N1-을 : 목적보어 N1-에, N1-와 : 사격 보어

도표 6-3 : 동사 유형 부호

부　호	동사 유형	
FIN	자동사	일반동사
FTR	타동사	일반동사
SIN	자동사	기능동사
STR	타동사	기능동사
CIN	자동사	숙어동사
CTR	타동사	숙어동사

의미표달식은 의미구조의 형식화적 표시이다.

(6.3)　　a. 그는 책을 읽는다.
　　　　　b. AGT+PAT+V(의미표달식)

의미표달식의 부호체계는 도표로 보이면 다음과 같다. 의미표달식의 부호는 의미역의 코드 표시이다.

도표 6-4 : 의미역 코드 체계

제1층	제2층	제3층	부　호
주요역할	주체역할	행위주(Agent)	AGT
		경험주(Experiencer)	EXP
		사역주(Causer)	CAU
		당사자(Subject)	SUB
		소유자(Possessor)	POS
	객체역할	수동자(Patient)	PAT
		성과(Product)	PRO
		내용(Context)	CON
		감지대상(Exp-Theme)	ETM

제1층	제2층	제3층	부 호
주요역할	관련역할	수혜자(Benefit)	BEN
		내원(Source)	SOC
		수반(Companion)	COM
		관계자(About)	ABT
		기준치(Criterion)	CRT
		원시상태(Initial State)	INT
		결과상태(Final State)	FIS
		지정(elative)	ELA
		소속(Belonging)	BEL
		부분(Part)	PAR
차요역할	환경역할	범위(Range)	RAG
		기점(Start)	STR
		종점(Goal)	GOL
		장소(Location)	LOC
		수량(Quantity)	QUA
		경로(Path)	PAH
		방향(Direction)	DIR
		시간(Time)	TIM
		조건(Condition)	COD
	근유역할	근거(Bases)	BAS
		원인(Reason)	REA
		목적(Purpose)	PUR
		정도(Degree)	DEG
	평계역할	도구(Instrument)	INS
		재료(Material)	MAT
		방식(Manner)	MAN
		자격(Appraiser)	APP

2.2. 동사의미분류체계의 코드체계

지식데이터베이스의 코드체계는 16바이트(bit)로 사용된다. 한국어 동사 의미분류 체계에서의 동사의 의미항은 코드화된다. 이 코드체계의 매개의 코드는 6자리의 숫자로 되어 있다. 제1자리는 의미장을 나타내고 제2자리는 의미차장을 나타내고 제3자리는 어휘−의미군을 나타내고 제4자리는 의미유별을 나타내고 제5,6자리는 동사의 의미항을 나타낸다. 도표로 보이면 다음과 같다.

도표 6-5 : 동사 의미분류 코드 양상

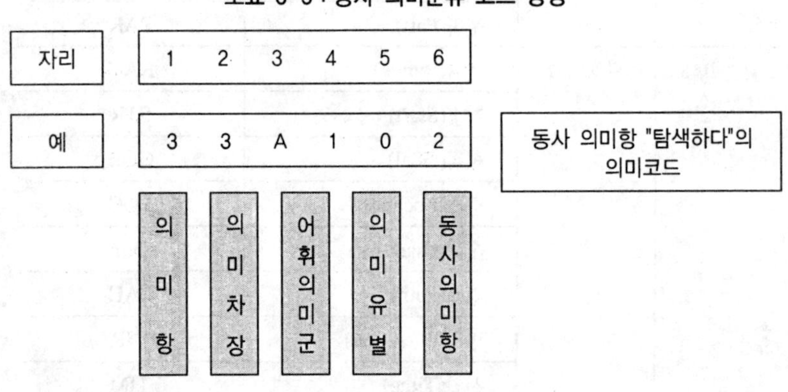

한국어 동사 의미분류 코드는 다음 도표로 보인다.

도표 6-6 : 동사 의미분류 코드 체계

의미장	의미차장	어휘의미군	예
상 태 (1xxxxx)	물리상태 (11xxxx)	존재(111xxx)	있다
		성상(112xxx)	풍기다
	정신상태 (12xxxx)	감각(121xxx)	빠지다2
		심리(122xxx)	질투하다
관 계 (2xxxxx)	소유관계 (21xxxx)	소속(211xxx)	가지다2
		포함(212xxx)	구성하다
	유동관계 (22xxxx)	시비(221zzz)	부르다
		관련(222xxx)	떨어지다2
행 위 (3xxxxx)	변 화 (31xxxx)	자체변화(311xxx)	얼다
		진전(312xxx)	자라다
	활 동 (32xxxx)	자동(321xxx)	흐르다
		행동(322xxx)	웃다
		상호(323xxx)	싸우다
	이 동 (33xxxx)	위치이동(331xxx)	가다
		참여(332xxx)	참석하다
		운반(333xxx)	던지다
		급여(334xxx)	보내다
		획득(335xxx)	얻다
		전파(336xxx)	알리다
		탐색(337xxx)	탐색하다
	작 용 (34xxxx)	상조(341xxx)	만들다
		개변(342xxx)	변경하다
		명명(343xxx)	선거하다
		물리작용(344xxx)	때리다
		지배(345xxx)	처리하다
		대접(346xxx)	감사하다
		조우(347xxx)	다치다
	사 역 (35xxxx)	촉변(351xxx)	높이다
		촉진(352xxx)	끝내다
		야기시킴(353xxx)	괴롭히다
		독촉(354xxx)	공부시키다
	정신활동 (36xxxx)	감지(361xxx)	느끼다
		심리활동(362xxx)	보다
		판단(363xxx)	여기다

제3절 동사 지식데이터베이스의 프로그램 실현

프로그램을 작성할 때의 관건적 기술의 하나는 UNICODE체계를 사용한다. 체계에는 중국어문자와 한글을 동시 사용하기에 프로그램에서 UNICODE를 사용해야 한다. UNICODE로 작성한 프로그램은 모든 언어 비전의 Windows2000/XP에서 작동될 수 있다. Windows98의 코드체계는 Win16와 Win32가 공존하는 체계이다. Windows 2000/NT와 Windows XP의 내부운영체계는 Win32모듈로 만들어지기에 국제화코드표준에 어울린다. 다만 체계의 외부코드체계는 본토화 코드체계를 취하기에 Windows 2000/NT와 Windows XP는 중국어판, 한국어판, 영어판 등이 있다. 각종 언어의 문자는 글자표로 만들어지고 코드 페이지(code page)로 이루어진다. 코드 페이지는 운영체계가 부동한 국가의 글자표와 자판의 설계를 지원하도록 허락해준다. 각종 언어의 각본(script)은 그 코드 페이지로 기술된다. Windows의 각 버전은 부동한 구조를 취함으로써 특정한 글자표를 지원한다. UNICODE는 어종과 관계없는 코드체계이기에 지역성을 통일하게 된다. VC++의 WIN32API함수는 UNICODE 프로그램을 지원할 뿐만 아니라 VC++의 내부에서 자료(data)의 교환도 UNICODE 방식으로 진행한다. 코드의 교환 과정에서 본토화 코드가 UNICODE로 전환되어 연산을 거쳐 다시 본토화 코드로 전환되어 사용자(user)에게 되돌린다. 그래서 비 UNICODE 프로그램이 운행될 때 처리할 문자(character)가 한번 코드전환을 거쳐야 한다. 이렇다면 CPU의 운행 시간이 지연되어 프로그램의 운행속도가 낮아지게 된다. 그렇기 때문에 UNICODE로 프로그램을 만들면 운행속도를 높일 수 있다.

구체적으로 프로그램을 만들 때 두 가지 문제가 있다. 하나는 동사 지식 데이터 베이스의 자료구조이고 또 하나는 프로그램 자체의 설계이다.

3.1. 데이트 구조

지식 데이터 베이스의 자료구조는 일반적으로 두 가지 방법으로 실현할 수 있다. 한 가지는 기존의 데이터 베이스의 격식이다. 예컨대 Dbase, Foxpro, Access 등이다. 또 한 가지는 스스로 정의한 자료구조이다(陳小荷 2000). 양자는 속도와 용량에서 큰 차이를 보여주고 있다. 후자는 속도가 빠르고 자료가 차지하는 용량이 적기에 보다 높은 효율성을 볼 수 있다. 그러나 보다 복잡하고 레코드가 많은 프로그램을 만들어서 데이커베이스를 제어해야 한다. 많은 시간공간 자원을 절약하기 위해 한국어 통사의미지식데이터베이스(KSSKD)에서는 스스로 정의한 자료구조를 취하고 있다.

데이터베이스의 주구조(主構造)는 형태적인 동사로 이루어진 계열적 어휘목록인 동시에 주된 색인 리스트(Index List)이다. 의미항구조에 기재되어 있는 것은 구체적 내용이 데이터베이스 파일에의 편위(偏位, excursion) 정보이다. 편위 정보는 논리적 정보이다. 데이터베이스 파일에는 구체적 자료가 저장되어 있다.

```
주구조 . main.idx
{
        wNumber      int ; //어휘번호
        Word     TCHAR ; //동사 어휘(색인 용)
        Count     int ; //의미항 수
        wordoffsetlong ; //결구체의 각 성원의 의미항구조에의 편위
}


의미항구조 : sense.dat
{
        sNumberint ; //의미항 번호
        lSenselong ; //의미코드의 길이
        lChineselong ; //중국어대역의 길이
```

```
            lSemStrulong ; //의미표달시의 길이
            lSemSublong ; //의미자질의 길이
            lSynStrulong ; //통사표달식의 길이
            lExample1long ; //예문1 길이
            lExample2long ; //예문2길이
            senseoffsetlong ; //각 의미항구조의 데이터베이스 안의 편위
    }


    데이터 파일 : data.dat        //    의미코드, 중국어대역, 통사표달
식, 의미장, 의미표달식, 예문  등 구체적 자료
```

데이터베이스의 수학적 기술에 의하면 주구조(색인리스트)는 그의 성원인 wordoffset(결구체의 각 성원의 의미항구조에의 편위)를 통해서 의미항과 관계를 맺고 있다. 의미항은 의미항구조의 성원인 senseoffset(각 의미항구조의 데이터베이스 안의 편위)를 통해 결구체와 관계를 맺고 있다.

3.2. 프로그램 설계

프로그램의 표상을 설계할 때 TreeView 의 격식을 취한다. 이 격식은 계층이 명확하고 직관성이 강한 특점이 있다. 데이터베이스 안의 동사어휘는 제 1급 매듭(node)이고 의미항은 그 하위 매듭, 즉 제 2급 매듭이다. 의미항의 하위 매듭은 제 3급 매듭으로 의미코드, 한어대역어, 통사표달식, 의미자질, 의미표달식과 예문이다. 제 2급 매듭의 수는 의미항 수와 같다.

구체적인 절차는 다음과 같다.

3.2.1. 파일 창립

원시자료는 일정한 격식에 의해 저장되어야 한다. 그렇지 않으면 컴퓨터에 의해 식별되지 못한다. KSSKD에서 원시자료는 형태동사를 레코드로 저장되어있는데 그 격식은 부호 "#"를 시작으로 부호 "^"를 마침으로 한다.

동사 "가꾸다, 가까이하다, 가다듬다, 사다"를 예로 다음과 같이 설명하겠다.

```
&가꾸다
(1)344203
收拾
FTR
N0 N1-을 V
N0=인물,N1=식물(채소,꽃) ～사물(논,밭)
AGT+PAT
요즘은 아파트에서 화초를 가꾸는 집이 많다.
공늘여 잘 가꾼 논밭에서는 그만큼 수확도 많다.
(2)344210
打扮, 調理
CTR
N0 N1-을 V
N0=인물,N1=신체 부분(얼굴,몸매,머리)
AGT+PAT
미란이는 얼굴을 예쁘게 가꾸니까 전혀 다른 사람처럼 보인다.
영희는 몸매를 가꾸려고 아침마다 체조를 열심히 한다.
^

&가다듬다
(1)344311
振作
```

FTR
N0 N1-을 V
N0=인물,N1=추상(정신, 마음, 생각)
AGT+PAT
어려운 일이라도 정신을 가다듬고 대처하면 잘 해낼 수 있다.
가다듬고 다시 한 번 해 봐.
(2)344313
淸
CTR
N0 N1-을 V
N0=인물,N1=추상(기운, 목청)
AGT+PAT
목소리를 바르게 내려면 먼저 목청을 가다듬어야 한다.
목소리를 바르게 내려면 먼저 목청을 가다듬어야 한다.
(3)344314
端正
CTR
N0 N1-을 V
N0=인물,N1=추상(몸,자세)
AGT+PAT
면접 시험을 보기 전에 옷매무새와 자세를 가다듬어라.
면접 시험을 보기 전에 옷매무새와 자세를 가다듬어라.
^

&가까이하다
(1)323111
親近
FTR
N0 N1-(을+와) V
N0=인물,N1=인물
AGT+PAT
그 친구를 너무 가까이하지 말아라.
명수는 나쁜 친구들과 가까이하더니 젊은 나이에 결국 콩밥을 먹는 신세가 되었다.

(2)323112
與某人親近
FIN
N0i N1j-와 (서로) V <>N0i N0j-와 (서로) [대칭]
N0=인물,N1=인물
AGT+COMP
찬우는 미란이와 그 일을 계기로 서로 가까이하게 되었다.
찬우와 미란이는 그 일을 계기로 서로 가까이하게 되었다.
(3)346112
接近
CTR
N0 N1-(을+와) V
N0=인물,N1=사물(술, 책, 컴퓨터)
AGT+PAT
그는 요즘 술을 멀리하고 책을 가까이하려고 노력한다.
기영이는 늘 책과 가까이하는 생활을 해 올 수 있었던 것을 만족해
한다.
^

&사다
(1)385109
雇傭
FTR
N0 N1-을 V
N0=인물 N1=사물
AGT+PAT+V
우리 이웃은 일가 친척이 없어서 사람을 사서 장례를 치렀다.
(2)386204
評价
FTR
N0 N1-을 V
N0= 인물|전체 N1=추상(공로|로력)
AGT+PAT+V
사장은 김 부장의 지금까지의 공로를 높이 사서 미국 지부장으로 승
진시켰다.

(3)376101
買
FTR
N0 N2-에서|에게서 N1-을 V
N0= 인물|전체 N1=사물(추상포함) N2=인물|전체
AGT+PAT+SRC+V
병주는 한 골동품 수집가에서 이 도자기를 백만 원에 샀다.
민호는 시내에 나간 김에 대형 서점에서 책을 한 권 샀다.
(4)3751208
請客
FTR
N0 N2-에게 N1-을
N0=인물 N2=인물 N1=음식|만찬|술
AGT+PAT+PAT+V
오늘은 네가 나에게 술 한잔을 사야 되지 않겠니?

(5)38710a
惹, 討
STR
N0 N2-에게서|로부터 N3-을 V
N3=믿음|의혹|원망 N0=人 N2=人
PAT+SRC+V
김 계장은 그 일로 과장에게서 미움을 샀다.
쓸데없는 데 돈을 써서 과대표인 명수는 학생들로부터 원성을 샀다.
^

3.2.2. 베이스 만들기 프로그램

이 프로그램을 통하여 원시 데이터를 정의했던 데이터 구조에 따라 데이터 베이스 구조 파일로 전환하는데 "베이스 창건, 베이스 소트, 텍스트 수출, 구조 전화" 등 기능을 포함한다. 그 모양은 다음과 같다.

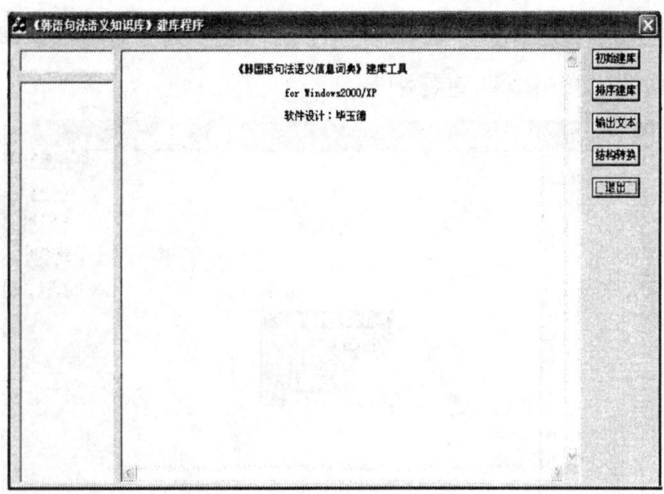

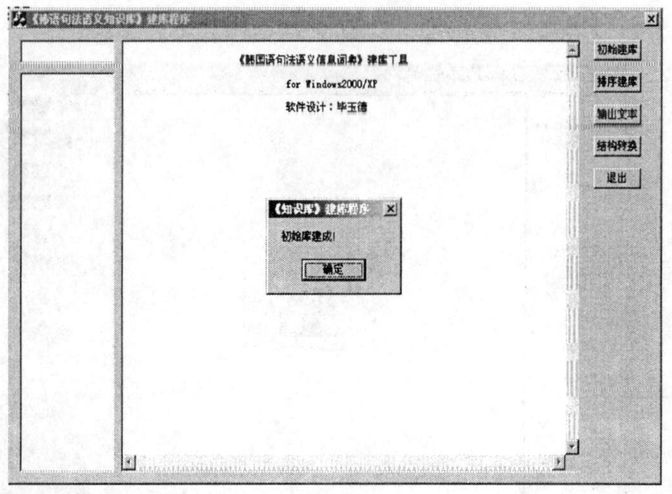 저절로 정의했던 데이터 구조에 따라 텍스트 데이터를 입력하여 만든 데이터 베이스 중에 동사를 주된 색인으로 하여 베이스를 만드는데 서열이 없어도 되지만 반복하면 안 된다.

排序建库 만들어진 무순서 데이터 베이스는 동사를 주된 색인으로 하여 유순서 데이터 베이스로 전환한다.

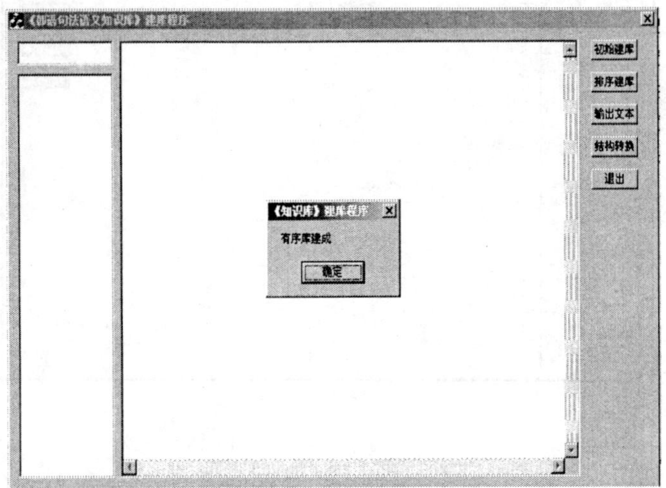

输出文本 편리한 인공 시정을 위하여 일정한 격식에 의해 데이터 베이스는 텍스트 파일로 수출한다.

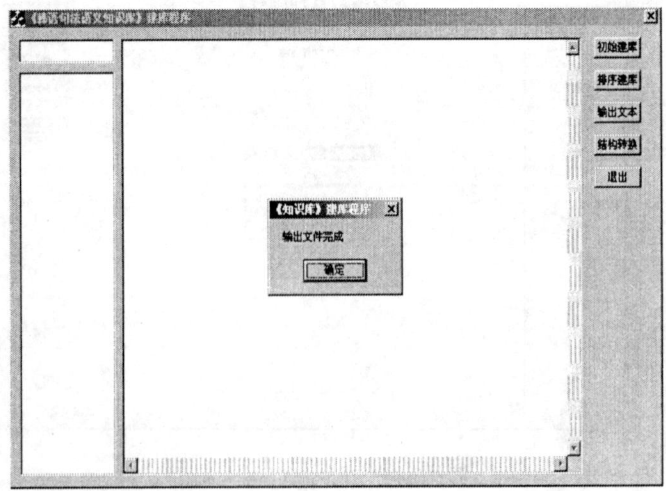

[結構轉換] 시정된 텍스트 파일을 데이터 베이스 파일로 전환한다.

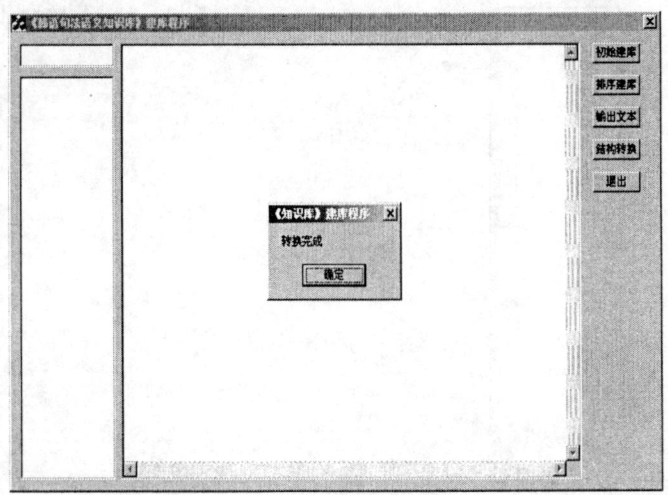

동사인 "사다"에 대한 검색 결과 화면은 다음과 같다.

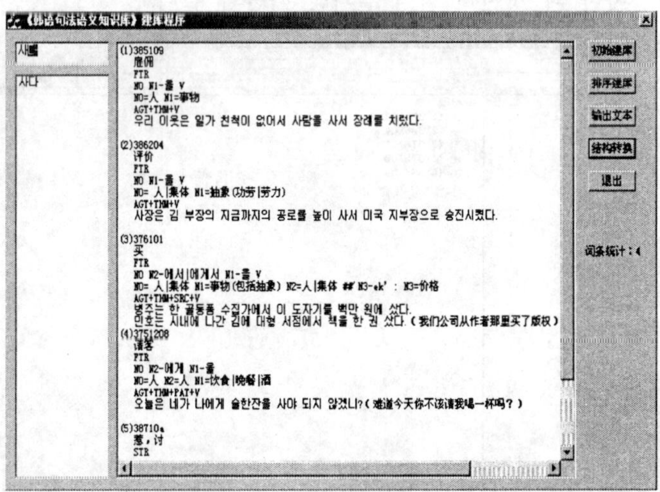

(3) 지식 베스트 프로그램 : 지식 베스트의 검색 프로그램은 위주로 한다.

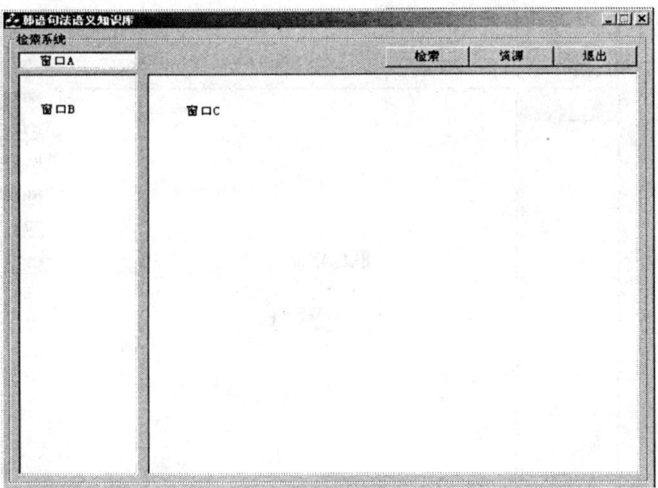

윈도A : 단어 입력란

윈도B : 윈도A과 어울리는 최다 50개 동사 리스트 가능하고 검색하려
는 동사는 그중에서 선택할 수 있다.

윈도C : Tree양식 검색 결과 위도이다.

동사 "사다"의 첫번째 검색 결과는 다음과 같다.

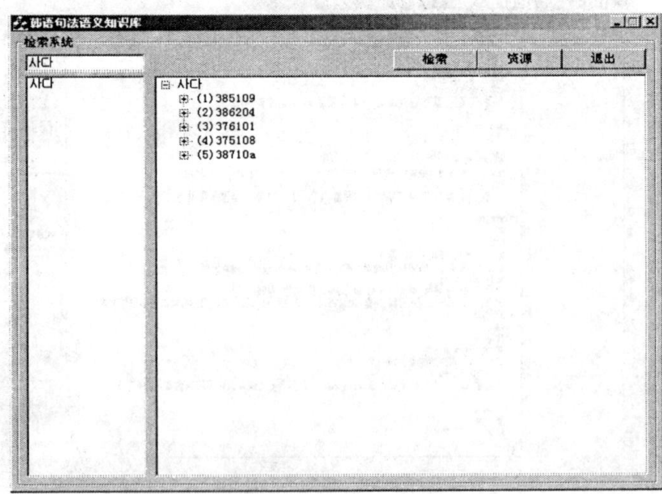

동사인 "가꾸다"의 두 의미항 전부 메시지의 전시 화면과 그중에 한 의미항의 전시 결과는 다음과 같다.

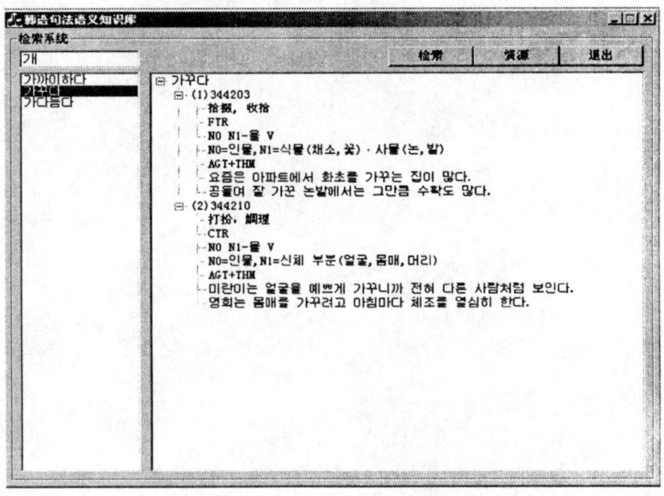

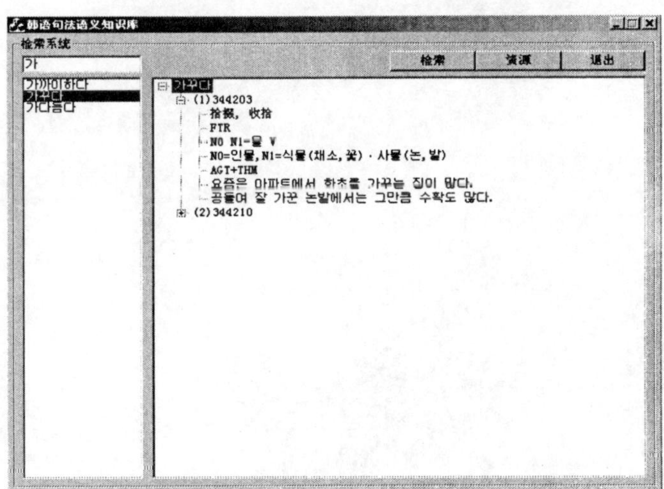

제7장 결 론

인터넷 시대와 지식시대를 지향하는 언어정보처리는 다음과 같은 문제를 해결해야 한다. 하나는 이론의 형성문제이다. 즉 인지 차원에서 우선 언어학의 학문적 속성을 밝히고 언어학 연구의 독특한 환경(공간)을 마련해 놓는 것이다. 다른 하나는 언어학과 기타 관계 학문과의 교차분야에서 돌파구를 찾아내고 응용연구자에게 다룰 수 있는 운영체계를 제공해 주는 것이다. 언어이론연구는 응용을 앞세워 참신한 의식을 세우고 일련의 상호 연관적이고 검증할 수 있는 가설을 제출함으로써 기술성 조건과 해석성 조건에 만족하도록 해야 한다. 언어의 각 계층의 정보의 컴퓨터처리에 적절한 언어학적 지식과 자원을 제공해야 한다. 이를 기반으로 구체적인 작업을 통해 전자사전과 기계번역시스템과 같은 응용된 정보화 상품을 만들어낼 수 있게 된다. 이를 위해서 컴퓨터 기술개발연구자는 어느 선진적 언어학 사상을 실현시키도록 언어정보처리 기반 연구장(platform), 응용관건기술 연구장과 응용시스템 개발 연구장을 건립함으로써 컴퓨터 소프트웨어의 개발에 유용한 도구적 보장을 제공할 수 있어야 한다(易綿竹·畢玉德, 2000).

바로 이러한 다양한 목적을 위하여 사람들은 언어학본체론의 연구차원에서 출발하여 언어학을 컴퓨터체계처럼 공리성이 있는 운영체계로 삼고 다룰 수 있는 체계를 만들어 내려고 시도해 왔다. 사실 언어는 아주 복잡한 사회현상으로 그 안에서 언어의 내재적 규칙을 발견하고 찾아내기 극히 어려운 일이다. 100년이래 언어학연구는 어휘연구로부터 문장연구에 이르기까지, 단어본위로부터 문장단위에 이르기까지, 구조주의로부터 기술주의에 이르기까지 언어계층에 대한 인식도 부단히 발전하고 심화되어 가고 있다. 동시에 그와 관련된 수학과 심리학, 컴퓨터과학, 인지과학과 같은 학문들도 부단히 언어학연구에 받아들여 새로운 연구분야를 넓혀가고 있다. 현대 의미론의 연구분야도 어휘의미연구에 비중을 두는 것으로부터 문장의미로 확대하여 문장의 형식화 기술을 목표로 하고 있다. 이는 언어학연구가 새로운 단계에 이르러 언어공학과 관계하게 되어 인공지능의 설계와 기계번역에 의미식별의 모듈을 마련해주게 되었고 의미론이 과학기술의 발전에 새로운 역할을 부여하게 됐음을 말하는 것이다.

우리는 이성주의와 경험주의를 결합한 실용주의적 연구방법을 취하여 언어연구의 이론적 가치 뿐만 아니라 그 실용적 가치도 고려해야만 한다. 언어정보처리의 차원에서 의미층위에서 동사와 기타 명사구 사이의 결합관계를 연구하는 것은 정보처리를 지향하는 한국어 언어지식 표달체계의 구축에 언어학적 보장과 운영체계를 제공하기 위해서다. 이러한 의미에서 본 연구의 이론적 가치와 실용적 가치를 부여할 수 있다. 본문에서 현대의 주요 언어이론을 분석한 것은 여러 이론의 공통적 관심사를 찾기 위한 것이자 각 이론들의 장점과 단점을 발견하기 위해서다. 동시에 국내외 해당 연구성과들을 정리함으로써 본 연구의 연구 방향을 확립하고자 했다.

제2장에서 연구사상과 방향을 명확히 밝히고 문장의 각 계층과 그들 사이의 관계를 분석하였다. 의미관계는 감춰지고 잠재적인 성격을 가지고 있다. 의미역은 통사적 위치 상의 명사의 의미자질에 대한 고도의 추상과 개괄이며 동사에 지배를 받는 명사의 의미자질의 집합이라 할 수 있다.

의미층위에서 문장 내부의 동사와 기타 명사구 사이의 관계가 바로 동사 의미결합관계이다.

본문은 한국어의 사용양상에서 통사구조를 기본통사구조와 표층통사구도 구분했다. 기본 통사구조는 추상적 문장을 생성하고 표층의 통사구조는 구체적 문장을 생성한다. 의미적으로 볼 때, 동사 자체의 성질은 또한 각 의미성분이 통사구조에서의 투사위치를 제한하고 있어서(어떻게 투사하는가, 어떤 통사성분으로 부여할 수 있는가 등) 각이한 통사구조를 형성하게 된다. 그리고 의미구조와 통사구조는 논항구조를 통해서 관계를 맺고 있다.

제3장과 제4장에서는 의미역과 관계된 문제와 동사 의미분류 문제를 토론하였다. 동사의 의미결합의 틀 안에서 의미역과 동사의미분류를 통합하여 연구하고자, "사건기반원칙", "말뭉치원칙", "통사본위원칙"과 "아이디어 구사원칙" 등 4대 의미역 확립 원칙과 "인지원칙", "결합관계원칙"과 "말뭉치원칙" 등 3대 분류 원칙을 제출하여 언어정보처리를 지향하는 3계층 의미역 체계와 동사 4계층 의미분류 모듈 체계를 만들어 냈다.

의미역 체계는 3계층으로 나누어져있는데 제1계층은 주요역할과 차요역할을 포함하고 제2계층은 주체역할, 객체역할, 관계역할, 환경역할, 근유역할과 차용역할 등6부류를 포함하고 제3계층은 행위주(施事), 경험주(經驗), 당사자(當事), 소유주(領事), 사역주(致使), 수동자(受事), 성과(成果), 대상(對象), 내용(內容), 감지(感事), 수혜자(受益), 내원(來源), 수반(伴隨), 수량(數量), 관계(涉事), 기준치(基准), 원시상태(原始狀態), 결과상태(結果狀態), 지정(系事), 소속(屬事), 부분(分事), 도구(工具), 재료(材料), 방식(方式), 자격(資格), 범위(范圍), 기점(起点) 종점(終点), 장소(場所), 경로(路徑), 방향(方向), 시간(時間), 조건(條件), 정도(程度), 근거(根据), 원인(原因), 목적(目的) 등 36개의 의미역을 포함하고 있다.

동사의 의미분류 트리구조를 도출하기 위해서 동사의 의미자질집합을 귀납해냈다. 이 집합은 ±정태성(stativity), ±관계성(relativity), ±소유성(possessive), ±부분과 전체(part-whole), ±시비(isnot), ±물리성(physical), ±심리성(mentality), ±존재성(existent), ±사역성(causation), ±타동성(transitivity), ±참여성(participant), ±추세성(tendancy), ±상호성(reci- procity), ±제어성(control), ±적극성(positivity), ±변화성(variability), ±과정성(process), ±개변성(change-ability), ±수혜성(benifactive), ±결과성(result), ±물질성(matter), ±방향성(direction), ±정보성(information) 등 23가지의 의미자질을 포함하고 있다. 동시에 이들 의미자질에 대해 설명과 실례를 들었다. 이 의미자질집합으로 도출된 한국어 동사의 의미분류 나무가지도형은 최대 깊이가 12층이나 된다. 의미장이론을 사용하여 이 나무가지도형을 귀납하고 정리하여 한국어 동사의 4계층 의미분류 모듈체계를 제출하였다.

동사의 4계층 의미분류 모듈 체계는 의미장, 의미차장, 어휘의미군과 의미유별 등 4계층을 포함하고 있다. 의미장은 상태의미장, 관계의미장과 행위의미장으로 나누어진다. 상태의미장은 물리상태의미차장, 정신상태의미차장을 포함하고 관계의미장은 소유의미차장과 유동의미차장을 포함하고, 행위의미장은 변화의미차장, 이동의미차장, 작용의미차장, 사역의미차장과 정신활동의미차장을 포함하고 있다. 의미차장은 모두 10가지이다. 그밖에는 각 의미차장은 수량이 다른 어휘-의미군을 포함하고 있는데 어휘-의미군은 모두 34가지이다. 각 어휘-의미군은 수량이 다른 의미유별을 포함하고 있는데 의미유별은 모두 84가지이다.

본고에서는 동사에 대한 통합적 기술의 사상에 따라 서로 다른 동사유형을 상세히 기술하였다. 그 중에는 동사의 기본의미구조 혹은 의미모듈과 기본통사구조 혹은 통사모듈이 포함되어 있다.

우리는 이론의 응용의 차원에서 통사를 통해 의미를 기술하는 기술노선을 취하여 한국어의 언어학적 특점을 충분히 고려하여 통사정보와 의미정보를 통합하여 "결구체" 방식이라 하여 두 가지 정보를 통합적으로 기술하는 책략을 제출하였다. "결구체"에는 "의미분류코드, 한어대역어, 범주정보, 통사표달식, 의미자질, 의미표달식, 용례" 등이 포함되어 있다. "결구체"는 한국어 통사의미 정보 사전(또는 지식DB)의 기본 구성 단원이다.

마지막으로 본 연구가 한국어정보처리에 유익한 역할을 담당할 수 있길 바란다. 한국어 동사의 의미결합관계를 통하여 문장의 의미구조를 탐구하는 것은 어휘가 구사하는 구조언어모형을 구축하고 한국어의 이해기술을 발전하는데 유용하다. 이 성과는 의미를 기반하는 기계번역체계와 한국어언어이해체계의 연구개발에 적용될 수 있다.

참고문헌

1. Bake, C.F., C.J. Fillmore, and John B. Lowe.(1998) The Berkeley FrameNset Project. In Proceedings of COLING'98,

2. Chafe, W. L.(1970), Meaning and the Structure of Language, Chicago-London : The University of Chicago Press

3. Chomsky, N.(1965), Aspects of the Theory of Syntax, Cambridge : Cambridge University Press.

4. Chomsky, N.(1981), Lectures on Government and binding, Dordrecht : Foris.

5. Chomsky, N.(1982), Some Concepts and Consequences of the Theory of Government and Bandings, Combridge, Mass : MIT Press.

6. Chomsky, N.(1986), Knowledge of Language : its Natures, Origins and use, New York : Praeger.

7. Dowty, D.(1991), Thematic Proto-roles and Argumen Selection, language 67.

8. Fillmore, C.(1968), The Case for Case, New York : Holt, Rinehart and Winston.

9. Fillmore, C.(1971), Verbs of Judging : an Exercise in Semantic Description, New York : Holt, Rinehart and Winston.

10. Fillmore, C.(1977), The Case for Case Reopend, New York : Holt, Rinehart and Winston.

11. Grimshaw, J.(1979), Compement Selection and the Lexicon, Linguistic Inpquiry.

12. Grimshaw, J.(1990), Argument Structure, Cambridge, Mass : MIT Press.

13. Gruber, J.(1965), Studies in Lexical Relations. PhD dissertation, Cambridge, Mass : MIT Press.

14. Gruber, J.(1976), Lexical Structure in Syntax and Semantics, Amsterdam : North-Holland.

15. Jackendoff, R.(1972), Semantic Interpretation in Generative Grammar, Cambridge, Mass : MIT Press.

16. Jackendoff, R.(1983), Semantics and Cognition, Cambridge, Mass : MIT Press.

17. Jackendoff, R.(1987), The Status of Thematic Relations in Linguistic Theory, Linguistic Inquiry.

18. Jackendoff, R.(1990), Semantic Structures, Cambridge, Mass : MIT Press.

19. Leech(1974), ≪語義學≫(賈彦德 譯), 北京大學出版社.

20. Levin, B.(1985), Lexical Semantics in Review, Lexicon Project Working Papers, Cambridge, Mass : MIT.

21. Miller,G., et al.(1990) Introduction to WordNet : an on-line lexical database. In International Joural of Lexicography 3, No.4

22. Richardson,S.D.,William B.Dolan, and Lucy Vanderwende(1998), MindNet : acquring and structuring semantic information from text. In Proceedings of COLING'98

23. Suppes, P(薩裴士,1959), Introduction to Logic, 水牛出版社.

24. Langacker,R.W.(1987), Foundations of Cognitive Grammar : Theoretical Prerquistes, Stanford,CA : Stanford University Press.

25. 국립국어연구원(1999), 국어학연감.

26. 국립국어연구원(2000), 국어학연감.

27. 국립국어연구원(2001), 국어학연감.

28. 국립국어연구원(2002), 국어학연감.

29. 김기석(1997), 언어부호의 "파격적 통합"에 대한 고찰, 연길 : 중국조선어문3.

30. 김기혁(1981), 국어 동사류의 의미 구조, 말(연세대)6.

31. 김기혁(1997), 국어문법연구-형태통어론-, 서울 : 박이정출판사.

32. 김기혁(2002), 국어학, 서울 : 박이정출판사.

33. 김민수(1981), 국어의미론, 서울 : 탑출판사.

34. 김영희(2001), 국어섭취동사 의미 연구, 계명대 석사학위논문.

35. 김원정(2000), 한국어 격 정보와 자질 연산 문법, 고려대학교 박사학위논문.

36. 김현권·김종명(2001), 세종 용언전자사전의 의미역 기술체계 및 목록, 한글 및 한국어 정보처리, 한국어정보과학회/한국인지과학회

37. 김현권·김종명(2001), 용언의 의미 기술과 분류, 21세기 세종계획 전자 사전 분과 Workshop.

38. 김혜숙(1997), 국어의 이해, 서울 : 태학사.

39. 김흥수(1985), 심리동사의 단언적 의미, 국어학14.

40. 김흥수(1989), 현대국어 심리동사 구문 연구, 서울 : 탑출판사(전자판 참고).

41. 김흥수(1993), 현대국어 심리동사 구문 연구, 서울 : 탑출판사.

42. 남충호(2000), 한국어 이동동사의 논항구조와 사건구조, 의미구조의 표상 과 실현, 소화출판사.

43. 류영록(2002), 조한번역기초, 연길 : 연변대학출판사.

44. 박덕유(1996), 국어동사상의 자질과 분류에 대한 연구, 한국학연구(인하대)

45. 박덕유(1998), 국어동사상연구, 서울 : 박이정출판사.

46. 박영순(1993), 현대 한국어 통사론, 서울 : 집문당.

47. 박영순(1994), 한국어 의미론, 서울 : 고려대학교출판부.

48. 변정민(2001), 국어 인지동사 연구, 고려대학교 박사학위논문.

49. 서정목(1998), 문법의 모형과 핵 계층 이론, 서울 : 태학사.

50. 서정수(1998), 국어문법, 한양대학교출판원.

51. 성광수(1977), 국어 조사에 대한 연구, 고려대학교 박사학위논문.

52. 성광수(1985), 국어 격형과 의미자질, 고대어문논집24,25.

53. 성광수(1999), 격표현과 조사의 의미, 서울 : 도서출판 월인.

54. 송정근(2001), 적절한 대역어 선택을 위한 한영 변환 사전 구성, 한글 및 한국어 정보처리, 한국어정보과학회/한국인지과학회.

55. 심재기(1982), 국어어휘논, 서울 : 집문당.

56. 양정석(1999), 국어타동구문연구, 서울 : 박이정출판사.

57. 유은종 편(1999), 조선어동의어반의어사전, 연길 : 연변교육출판사.

58. 유은종(1991), 조선어어휘론, 연길 : 연변대학출판사.

59. 유은종(1996), 조선어의미론연구, 연길 : 연변교육출판사.

60. 이득춘(1988), 조선어어휘사, 연길 : 연변대학출판사.

61. 이득춘(1992), 한조언어문자관계사, 연길 : 동북조선민족출판사.

62. 이득춘(1996), 고대조선어문선(상), 연길 : 연변대학출판사.

63. 이득춘(1996), 고대조선어문선(하), 연길 : 연변대학출판사.

64. 이득춘(1996), 조선어한자어음연구, 서울 : 박이정출판사.

65. 이득춘(2002), 조선어역사언어학연구, 서울 : 역락도서출판.

66. 이득춘(2002), 해방후조선어논저목록지침서, 서울 : 역락도서출판.

67. 이익섭 외(1997), 한국의 언어, 서울 : 신구문화사.

68. 이익섭·채완(1999), 국어문법론강의, 서울 : 학연사.

69. 이정민(2000), 논항구조의 형태 및 통사구조의 관계, 의미구조의 표상과 실현, 소화출판사.

70. 이주행(1996), 한국어 문법 연구, 서울 : 중앙대학교 출판부.

71. 전영철(1996), 한국어 존재문의 구성, 언어학 27.

72. 전학석(1999a), 조선한국의 조선어언어연구개황, 연길 : 중국조선어문(4).

73. 전학석(1999b), 조선한국의 조선어언어연구개황, 연길 : 중국조선어문(5).

74. 정재윤(1981), 국어 온도 감각 동사의 어휘체계, 어문논총22.

75. 정재윤(1989), 국어감각동사연구, 전북대 박사학위논문.

76. 조윤희(2002), 국어대칭동사연구, 성균관대 석사학위논문.

77. 차광일(1986), 조선어토대비문법, 심양 : 요녕민족출판사.

78. 천기석(1984), 국어의 동작동사와 상태동사의 체계연구, 경북대 박사학위

논문.

79. 최기선(1996), 국어정보처리 기반 구축을 위한 연구(3), 문화체육부.

80. 최기선(1997), 국어정보처리 기반 구축을 위한 연구(4), 문화체육부.

81. 최창렬(1982), 국어동사의 의미구조, 전북대출판부.

82. 최호철·홍종선·조일영·송향근·고창수(1998), 자연언어처리를 위한 전자사전 구축 방안, 어문논집37, 안암어문학회.

83. 필옥덕(1999), 한국어핵심문SOV의 의미적 계산, 국어학회 제26차 공동연토회 발표논문집, 서울 : 국어학회.

84. 필옥덕(2001), 논항구조와 한국어동사 분류에 대한 연구, 중국조선어문(3).

85. 필옥덕(2002), 정보처리를 향한 한국어 의미역 체계의 구축, 한국어학의 오늘과 내일(2002'IKL), 서울 : 한국어학회.

86. 홍재성(1998), 세종계획1998년도언어분과전자사전지침서, 한국문화관광부.

87. 홍재성(1999), 세종계획1999년도언어분과전자사전지침서, 한국문화관광부.

88. 홍재성(2000), 세종계획2000년도언어분과전자사전지침서, 한국문화관광부.

89. 홍재성(2001), 세종계획2001년도언어분과전자사전지침서, 한국문화관광부.

90. 홍재성(2001), 현대국어동사구문사전, 동아출판사.

91. 홍재성(2002), 세종계획2002년도언어분과전자사전지침서, 한국문화관광부.

92. 황봉희(2002), 국어 수여동사 구문 연구, 경희대학교 석사학위논문.

93. 畢玉德(1996), 韓語句法的內面格分析, 北京 : 中文資訊學報(5).

94. 畢玉德(1997), 韓語情態問題研究, 語言工程(第四屆全國計算語言學聯合學術會議), 北京 : 清華大學出版社.

95. 畢玉德(2000), 句法結構的語義模式化問題初探, 洛陽 : 解放軍外國語學院學報(1).

96. 畢玉德(2002a), 面向韓文資訊處理的句法語義資訊詞典的構建, 洛陽 : 解放軍外國語學院學報(6).

97. 畢玉德(2002b), 韓國語句法語義資訊詞典的C語言描述及其電腦實現, 機器飜譯研究進展(2002全國機器飜譯研討會), 北京 : 電子工業出版社.

98. 畢玉德(2002c), 現代朝鮮語語義結構類型研究, 北京 : 民族語文(5).

99. 陳小荷(2000), 現代漢語自動分析, 北京：北京語言文化大學出版社.

100. 程工(1995), 評 ≪題元原型角色與論元元選擇≫, 北京：國外言語學(3).

101. 程琪龍(2001), 認知語言學概論, 北京：外語教學與研究出版社.

102. 崔健(1998), 朝漢比較句對比, 朝鮮語文學論文集, 東北民族教育出版社.

103. 崔健(1998), 朝漢空間概念表達形式對比, 延吉：延邊大學博士學位論文.

104. 崔健(2000), 朝漢終點概念表達對比, 延吉：東疆學刊(1).

105. 崔健(2001), 朝漢途徑表達形式對比, 語言文學論叢, 北京：中央民族大學.

106. 範曉(1996), 三個平面的語法觀, 北京：北京語言文化大學出版社.

107. 馮志偉(1996), 自然語言的電腦處理. 上海：上海外語教育出版社.

108. 顧陽(1994), 論元結構理論介紹, 北京：國外語言學(1).

109. 顧陽(1996), 生成語法及詞庫中動詞的一些特性, 北京：國外語言學(3).

110. 桂詩春、寧春岩(1997), 語言學方法論, 北京：外語教學與研究出版社.

111. 金日・畢玉德(2001), 有關朝鮮語詞類問題上的不同觀點評析, 北京：民族語文(6).

112. 金基石(1996), 語言符號的層次性與語義分析, 延吉：延邊大學學報(1).

113. 金基石(1997), 論語言符號的論證性特徵, 延吉：延邊大學學報(1).

114. 金基石(2001), 21世紀中國朝鮮語展望, 延吉：延邊大學學報(1).

115. 靳光瑾(2001), 現代漢語動詞語義計算理論, 北京大學出版社.

116. 李得春(1992), 速成朝鮮語自學讀本(一、二、三), 延吉：延邊人民出版社.

117. 李得春(1998), 韓文與中國音韻, 哈爾濱：黑龍江朝鮮民族出版社.

118. 李得春(2002), 初級朝鮮語, 瀋陽：東北朝鮮民族出版社.

119. 李得春等(1989), 朝鮮語基礎教程(一), 延吉：延邊人民出版社.

120. 李得春(2003), 朝鮮對音文獻表音手冊, 牡丹江：黑龍江朝鮮民族出版社.

121. 李得春・金基石・金永壽(2002), 韓國語標準語法, 長春：吉林人民出版社.

122. 李得春・金祥元(1981_1983), 朝鮮語廣播講座(1,2,3), 延吉：延邊人民出版社.

123. 林杏光(1999), 辭彙語義與計算語言學, 北京：語文出版社.

124. 劉莎(2001), 破解人類語言的數位基因密碼,
http://www.ccw.com.cn/net/wsdj/ls.sap

125. 劉湧泉(1997), 應用語言學, 上海：上海外語教育出版社.

126. 柳英綠(1999), 朝漢語語法對比研究, 延吉：延邊大學出版社.

127. 柳英綠(2002), 韓漢翻譯基礎, 延吉：延邊大學出版社.

128. 魯川(2000), 漢語意合網路, 北京：商務印書館.

129. 魯川(2000), 語義的先決性·句法的强制性·語用的選定性, 延吉：漢語學習(3).

130. 陸丙甫(1993), 核心推導語法, 上海：上海外語教育出版社.

131. 陸汝鈐(1981), 人工智慧, 北京：科學出版社.

132. 繆錦安(1990), 漢語的語義結構和補語形式, 上海：上海外語教育出版社.

133. 戚雨村(1989), 現代語言學的特點和發展趨勢, 上海：上海外語教育出版社.

134. 戚雨村(1998), 語言學：21世紀展望, 外語研究(1).

135. 全學錫(1999), 語言學, 簡明韓國語百科全書, 牡丹江：黑龍江朝鮮民族出版社.

136. 榮晶(2000), 語義在漢語研究中的方法論意義, 北京：北京師範大學學報(社科版)4.

137. 潘陽·鄭定歐, 漢語配價語法研究, 北京：北京大學出版社.

138. 宋國明(1997), 句法理論概要, 北京：社會科學出版社.

139. 湯廷池(1996), 論旨網格、原參語法與機器翻譯, 北京：中國語文(4).

140. 翁富良、王野翔(1998), 計算語言學導論, 北京：中國社會科學出版社

141. 徐烈炯(1988), 生成語法理論, 上海：上海外語教育出版社.

142. 徐烈炯(1995), 語義學(修定本), 北京：語文出版社.

143. 徐烈炯(1998), 題元理理與漢語配價研究, 北京：當代語言學(3).

144. 宣德伍(1997), 朝鮮語基礎語法, 北京：商務印書館.

145. 楊成凱(1996), 漢語語法理論研究, 瀋陽：遼寧教育出版社.

146. 易綿竹(1998), 從計算語言學角度看語義角色問題, 洛陽：解放軍外語學院學報(4).

147. 易綿竹·畢玉德(1999), 面向網路時代的語言資訊處理, 中國科協首屆年會論文集, 北京：中國科學技術出版社.

148. 兪如珍(1996), 當代西方言語學理論, 上海：上海教育出版社.

149. 袁毓林(1998), 漢語動詞的配價研究, 南昌：江西教育出版社.

150. 袁毓林(2001), 語言學研究的現狀和發展趨勢, 延吉：漢語學習(5).

151. 詹衛東(2000), 面向中文資訊處理的現代漢語短語規則研究, 北京：清華大學出版社、廣西科學技術出版社.

152. 詹衛東(2001), 確定語義範疇的原則及語義範疇的相對性, 北京：世界漢語教學(2).

153. 張潮生(1994), 語義關係多樣化的一些原因, 北京：語言研究(1).

154. 張斌主編(2000), 現代漢語語法分析, 上海：華東師範大學出版社.

155. 張光軍(1999), 詞·詞綴·詞尾, 瀋陽：遼寧民族出版社.

156. 張光軍主編(1999), 亞非語言文化論叢, 北京：軍事誼文出版社.

157. 張敏(1998), 認知語言學與漢語名詞短語, 北京：中國社會科學出版社.

158. 鄭定歐(1999), 辭彙語法理論語漢語句法研究, 北京：北京語言文化大學出版社.

159. 朱德熙(1985), 語法問答, 北京：商務印書館.

160. 朱曉亞(2001), 現代漢語句模研究, 北京：北京大學出版社.

網路資源：

1. http：//www.knowldege.com(知網)

2. http：//www.kunghee.ac.kr(慶熙大學 原文提供服務系統)

3. http：//www.sejong.or.kr(21世紀世宗計畫網站)

4. http：//ikc.korea.ac.kr/cgi-bin/kwic/kwic.cgi(高麗大學電子文本研究所例句生成器)

5. http：//kr.yahoo.com(線上國語電子詞典)

詞典資源 :

1. 김민수 외(1991), 금성판 국어대사전, 금성출판사.

2. 한글학회(1999), 우리말큰사전, 어문각.

3. 연세대학교 언어정보개발연구원 편, 연세국어사전, 연세대학교출판부, 두산동아.

4. 이정민, 배영남(2000), 언어학사전, 박양사.

附錄：術語對照表

表層結構(surface-structure)　　　　　　　　　표층구조

表達式(representation)　　　　　　　　　　　표달식

詞匯功能語法(Lexical-Functional Grammar)　어휘기능문법

詞匯映射理論(The Lexical Mapping Theory)　어휘투사이론

詞庫(lexicon)　　　　　　　　　　　　　　　어휘부

詞項(lexical entry)　　　　　　　　　　　　어휘항목

從屬成分(complements)　　　　　　　　　　부가어

概念依存理論(CD Theory)　　　　　　　　　개념의존이론

概念語義學(conception semantic)　　　　　　개념의미론

格(case)　　　　　　　　　　　　　　　　　격

格關系(case relation)　　　　　　　　　　　격관계

格語法(Case Grammar)　　　　　　　　　　격문법

公理(axioms)　　　　　　　　　　　　　　　공리

管約理論(GB Theory)　　　　　　　　　　　지배결속이론

核心句(core sentence)　　　　　　　　　　　핵심문

機器翻譯(machine translation)　　　　　　　기계번역

計算語言學(computational linguistics)　　　　전산언어학

經驗主義(empiricism)　　　　　　　　　　　경험주의

句法表達式(syntax representation)　　　　　　통사표현식

句法結構(syntax structure)　　　　　　　　　통사구조

聚合關系(Paradigmatic Relation)	계열관계/선택관계/연합관계
可操作性(maneuverability)	조작성
可計算性(computability)	연산성
理性主義(rationalism)	이성주의
論元(argument)	논항
論元結構(argument structure)	논항구조
論旨角色(thematic role)	의미역
論旨原則(The Theta Criterion)	의미역원칙
邏輯式(Logical Form)	논리식
配价(valumy)	항가
配价語法(valumy grammar)	항가문법
深層結構(deep-structure)	심층구조
1항動詞(one place predicate)	1항 동사
生成語法(transform grammar)	생성문법
施事(agent)	행위주
實用主義(pragmatism)	실용주의
事件(event)	사건
受事(patient)	수동자
算法(algorithms)	연산
題元理論(Theta theory)	의미역이론
投射原則(Projection Principle)	투사원칙
透視域(perspective)	투사역
推導過程(process of deriving)	도출과정
謂詞邏輯(predicate logic)	술어논리
形式化(formal)	형식화
演算過程(computational process)	연산과정
依存語法(dependency grammar)	의존문법
義項(sense)	의미항

語類選擇(C-selection, category-selection)	범주선택
語料(corpus)	코퍼스, 말뭉치
語言信息處理(language information processing)	언어정보처리
語言知識(language knowledge)	언어지식
語義表達式(semantic representation)	의미표현식
語義場(word field)	의미장
語義分類(semantic class)	의미분류
語義分類碼(semantic class code)	의미분류코드
語義格(semantic case)	의미격
語義角色(semantic role)	의미역
語義結構(semantic structure)	의미구조
語義解釋(semantic explain)	의미해석
語義特征(semantic feature)	의미자질
語義特征集(semantic feature set)	의미자질집합
語義選擇(S-selection, semantic selection)	의미선택
語義原語(primitive)	의미원어
原型(proto-themantic)	전형
原則與參數語法(PP Approach)	원칙 및 변수 문법
整合(integration)	통합
知識表示(knowledge representation)	지식표상
知識庫(Knowledge Database)	지식데이터베이스
指派(assign)	부여하다
子語類屬性(subcategorization feature)	하위 범주화 자질
自然語言(natural language)	자연언어
自然語言處理(natural language processing)	자연언어처리
組合關系(Syntagmatic relation)	결합관계/연쇄관계/통합관계
最簡方案(Minimalist Program)	최소주의

저자 **필옥덕(畢玉德)**

中國 山東 출신, 漢族

중국 낙양외국어학원 한국어전공 학사, 석사
중국 연변대학교 亞非語言文學학과 문학 박사
중국 청화대학 컴퓨터학부 방문학자

현재 중국 낙양외국어학원 한국어학과 부교수, 한국학중심 주임
　　　중국 사회과학원 민족학 및 인류학 연구소 박사후(博士后)

연구분야 한국어통사의미론, 전산언어학

현대 한국어 동사 의미결합관계 연구 ■ ■ ■

인　쇄　2004년 7월 7일
발　행　2004년 7월 13일
저　자　필 옥 덕
펴낸이　이 대 현
편　집　권 분 옥
펴낸곳　도서출판 역락
　　　　서울 성동구 성수2가 3동 301-80
　　　　(주)지시코 별관 3층
　　　　전　화 : 3409-2058, 3409-2060 FAX : 3409-2059
　　　　이메일 : youkrack@hanmail.net
　　　　등　록　1999년 4월 19일 제2-2803호

정　가　10,000원
ISBN　89-5556-290-X-93710

■ 잘못된 책은 교환해 드립니다.